A crise de adolescência

**Ariane Deluz, Bernard Gibello,
Jean Hébrard, Octave Mannoni**

A crise de adolescência

Debates entre psicanalistas e
antropólogos, escritores,
historiadores, lógicos,
psiquiatras, pedagogos.

*Colette Audry, Stella Baruk,
Daniel Lacombe...*

**Apresentação
de
Maud Mannoni**

Companhia
de Freud
editora

Título Original
La Crise d' Adolescence

Editoração Eletrônica
FA - Editoração Eletrônica

Tradução
Procopio Abreu

Revisão
Sandra Regina Felgueiras

C932

A crise de adolescência : debates entre psicanalistas e antropólogos, escritores, historiadores, lógicos, psiquiatras, pedagogos / Ariane Deluz... [et al.] ; apresentação Maud Mannoni. - Rio de Janeiro : Companhia de Freud, 1999.
160 p. ; 23 cm.

ISBN 85-85717-26-2

1. Psicologia do adolescente. 2. Adolescência. I. Deluz, Ariane.

CDD-155.5

Companhia de Freud
editora

Endereço para Correspondência
Rua Visconde de Pirajá, 547 - Sala 702
Cep 22415-900 - Ipanema - Rio de Janeiro
Tel.: (021) 540-7954 – Telefax: (021) 239-9492
email: tereza@ism.com.br

ÍNDICE

III. O CAMPO DA HISTÓRIA E DA ANTROPOLOGIA

A organização do texto foi realizada por Joël Dor

Outubro de 1983/julho de 1984

Apresentação

Maud Mannoni

Esta coletânea reúne o essencial dos trabalhos de duas jornadas[1] de estudos dedicadas à *crise de adolescência*. Delas participaram analistas e intelectuais vindos de horizontes diversos.

Tentou-se uma incursão fora das fronteiras da psicanálise, confrontando psiquiatras com lógicos e professores; analistas com historiadores e antropólogos. Daí se seguiram debates, por vezes vivos, mas de rara qualidade.

Sabe-se que a adolescência é invenção relativamente recente. O próprio conceito de adolescência teve origem no Ocidente. Nas sociedades não evolutivas (como mostra Ariane Deluz), a passagem da infância ao estado adulto é mais claramente marcada do que entre nós. Esta passagem se faz através da dolorosa prova da iniciação. Os modelos de iniciação diferem de uma sociedade a outra, mas servem para uma integração social do sujeito no mundo dos adultos. Ele adquire um nome e aprende o que deve saber dos valores da sociedade onde um lugar lhe é reservado. O tempo da passagem da infância ao estado adulto pode, nos diz Ariane Deluz, durar de quinze a quarenta anos. Alguns renunciam a se expor à prova de iniciação, marginalizam-se, então, tornando-se "zeros sociais".

Esse acompanhamento dos adultos na aventura cultural dos adolescentes não existe em nossa sociedade ocidental. O modelo escolar é o único modelo de passagem da infância ao *status* de adulto à disposição das crianças. Mas, paradoxalmente, as crianças, na escola, não sabem a que estão sendo iniciadas. Os objetivos das provas nunca lhes são claramente explicitados. O adolescente chega à idade adulta sem garantia quanto ao

---

[1] Jornadas organizadas pelo *Centre de Formation et de Recherches Psychanalytiques.*

lugar que será levado a ocupar entre os mais velhos e entre seus pares. Muitos jovens adultos entrevêem hoje o futuro apenas sob o ângulo inquietante do desemprego. O estatuto de "assistido para sempre" aparece então a vários como a solução menos ruim (perpetuando assim uma dependência infantil: o Estado assume o lugar dos pais). Faz parte do jogo implícito da sociedade que o jovem adulto tenha entre nós que "arrancar" seu lugar e sua independência no mundo dos adultos. Cabe a cada criança, ao deixar a adolescência, isso descobrir, quase sempre à própria custa.

Jean Hébrard interessou-se pela aventura individual de adolescentes que, na França dos séculos XVIII e XIX, passaram de uma cultura popular a uma cultura erudita e interrogou-se sobre a significação desse deslocamento no campo cultural (entre os adolescentes "autodidatas").

Através das histórias de casos, Jean Hébrard nos revela de modo arrebatador os diferentes destinos desses pequenos autodidatas, conforme puderam ou não contar, num momento decisivo de seu caminhar, com um "acompanhante" em sua leitura (na pessoa do padre e do professor primário). Ler *ao abrigo do delírio* é aprender a se tornar criador do texto lido. A produção do sentido de um texto obedece a leis. *Quando se tem acesso aos livros à força, nada, com efeito, vem garantir ao sujeito que a leitura seja verdadeira.*

Podemos assim distinguir, como nos diz Jean Hébrard, dois tipos de alfabetização: um mantém o sujeito em seu estado cultural de origem, o outro autoriza a passagem do sujeito à nova cultura. Se o questionamento permite ao adolescente arrancar-se à sua cultura de origem, parece claro que a nova cultura tenha depois que ser aceita tal qual. Assim, o que vai tornar o deslocamento cultural irreversível é a passagem à escrita, quando o adolescente (ou jovem adulto) nela se inscreve sob as formas estereotipadas da nova cultura. A conquista intelectual ocorre, na maioria dos casos, sobre fundo de censura, de ascese e de recalque (em sujeitos que foram no entanto muito despertos sexualmente antes da idade de seis anos).

Através desses relatos de vida, Jean Hébrard nos mostra como a adolescência pôde, para alguns, constituir o momento excepcional da conquista de um saber, arrancado, "roubado" ao outro (essa conquista se fez a partir de fugas e de rupturas com os primeiros laços familiares).

Dois séculos mais tarde, estamos aqui confrontados não com adolescentes "famintos" de comida intelectual, mas com adolescentes "anoréxicos escolares", em dificuldade nas estruturas tradicionais, sejam elas escolares ou de atendimento médico. Essas "estruturas de atendimento" estão longe de ter sempre uma vocação educativa. Elas foram criadas originalmente para "dar a instrução obrigatória" às crianças submetidas à lei de obrigação escolar, lei que em seguida se fez insidiosamente acompanhar de uma obrigação com a saúde física e mental. A sociedade espera hoje dos adolescentes que sejam competitivos no plano da instrução. A família e a escola, na maioria dos casos, estão demissionárias no plano da educação: os jovens não são "treinados para viver". Instrui-se; não se educa mais. Desapareceram os valores morais que eram o fundamento da criação das primeiras escolas públicas. Não há mais "acompanhamento" de uma faixa etária a outra.

Nos dias de hoje, o saber poucas vezes é "roubado"; é, antes, vomitado.

Bernard Gibello esforçou-se assim em mostrar como as insuficiências intelectuais provocam fracassos, causa, segundo ele, de um sentimento de perseguição. Isolou o conceito de *desarmonia cognitiva patológica* e o de *atraso de organização do raciocínio*, que encontramos, como nos diz, tanto nas situações de carência cultural quanto nos casos de psicose. Bernard Gibello tentou situar em seguida em que a desarmonia cognitiva patológica se distinguia da pura exibição neurótica ou de distúrbios instrumentais. Patrick Delaroche retomou em contraponto este questionamento, mas interrogando o lugar dado ao desejo no sujeito falante.

Os debates centrados em torno de Piaget e Longeot colocaram em evidência os problemas cruciais de nosso tempo, não apenas no plano pedagógico, mas ainda no plano da resposta médica dada ali onde a pedagogia fracassa ao se deixar interrogar.

Não é sem importância constatar hoje em dia que a invenção do conceito de adolescência foi logo acompanhada de medidas administrativas e médico-psicopedagógicas diversas.

É esta resposta social que a psicanálise questiona.

Freud, lembra Octave Mannoni, fracassou com os adolescentes cuja análise foi iniciada por demanda dos pais. Tal demanda, justificada aos olhos do adulto, não o era aos olhos do adolescente (e Freud não se preocupou em questionar a demanda parental).

Winnicott havia apreendido que o tempo constituía o melhor remédio para a adolescência. Teve o cuidado de acompanhar a crise, em vez de curá-la, e recusou-se a optar por soluções administrativas ou institucionais. Foi da própria crise de adolescência que Winnicott tirou o melhor de suas inspirações quanto ao modo de enfrentar as dificuldades e o desespero do adolescente e/ou de sua família. Winnicott não examina o adolescente isoladamente; este é situado num contexto em relação ao adulto e Winnicott participa do que está se passando ou se tramando numa "Outra cena" (a do inconsciente de uns e outros). Ele não permanece passivo. Considera que o adolescente interroga a psicopatologia do adulto e que só os escritores que falaram de sua própria adolescência são suscetíveis de trazer alguma luz sobre o que se costuma chamar de "crise", "crise" que é tanto a dos pais quanto a do adolescente. O adulto questionado pelo adolescente pode, com alguma chance, dela sair "remanejado" pelos efeitos da contestação, como numa análise.

Não sabemos, diz Octave Mannoni, *se existem crises de adolescência que são o início de uma doença mental, ou se as crises só se tornam doenças mentais porque foram contrariadas.*

Questão deixada em aberto. Existem, responde Ginette Michaud, *momentos de fratura na evolução de um sujeito. Defesas psicóticas normais podem inclusive se manifestar. Se esses mecanismos forem decodificados apenas no sentido de uma evolução psicopatológica para a psicose, por um olhar nosográfico estreito, grande é o perigo de que a dialética dos mecanismos de defesa se bloqueie e se cristalize numa estrutura de tipo* borderline *ou pré-psicótica.*

Em suas pesquisas sobre a psicose, os analistas privilegiaram sobretudo as questões de diagnóstico (seu aprimoramento). Uma tarefa permanece inacabada, pois a prática pode vir a formular novas questões à teoria, ao passo que a clínica é por demais utilizada para vir confirmar certos aspectos da teoria analítica.

Os analistas, ao tratarem as identificações como patológicas (e ao remontar todas ao estágio do espelho) esqueceram, lembra Octave Mannoni, que o Eu [*moi*] (estruturado como uma cebola) é feito apenas de camadas sucessivas de identificações. As velhas identificações caem porque outras se instalam. O que acontece com o sujeito? Trata-se, continua Octave Mannoni, *de jogar com as identificações e isso só é possível se o analista não se identificar em demasia com o personagem do analista (pois faltará então a dimensão lúdica essencial a ser conservada na relação com o adolescente).*

O analista nada poderá com o adolescente se ficar próximo a um sério (saber) que o adolescente contesta. É no Imaginário, nos diz Octave Mannoni, *que encontramos a cura, nos livrando pelo jogo.* A análise, contudo, não pode ser assimilada ao jogo. Mas há que se preservar na análise um espaço de fantasia. Espaço constituído (como sublinhava Freud em 1907) pela *reserva* formada ao se passar do princípio do prazer ao princípio de realidade. O que se *libera,* diz Freud, da prova de realidade é a fantasia reencontrada nos jogos infantis.

Freud, entretanto, privilegiou os avatares das pulsões, bem exatamente ali onde Winnicott faz intervir o *espaço potencial* localizado entre o indivíduo e seu meio. É nesse espaço de jogo que se originam o jogo e o *contra-jogo* da mãe. *A parte do jogo,* sublinha Octave Mannoni, *é a condição da verdade do sujeito.*

Estas questões foram retomadas e debatidas de modo contraditório ao longo das mesas-redondas (seus resumos estão publicados nesta coletânea). O eixo dos debates girou em torno de temas que vão da toxicomania à psicose, passando pela passagem ao ato, a maneira de conduzir uma cura, as soluções institucionais e extra-institucionais propostas pela administração.

Esta coletânea não pretende trazer respostas. Uma carência teórica referente à questão das identificações (o jogo identificatório) torna embaraçante a abordagem da questão relativa à patologia da adolescência. O mérito desta coletânea é de ter tomado ciência dessa carência e de ter deixado abertas as questões, em vez de procurar fechá-las com falsas certezas.

I

O CAMPO PSICANALÍTICO

A adolescência é "analisável"?

Octave Mannoni

As palavras *crise de adolescência* são um pouco polissêmicas, como aliás todas as palavras. De um lado, trata-se de um momento *decisivo,* um momento em que o sujeito tem de escolher sua orientação. A palavra, *crise*, tem então o mesmo sentido que na medicina clássica: designa o momento em que a doença vai se decidir entre a cura ou a morte, o momento em que poderemos *julgá-la.* (Etimologicamente, *Krisis* quer dizer julgamento). O outro sentido é mais corrente: designa um estado agudo, como na expressão "crise de nervos". Ao se falar de uma crise de adolescência, pode ser, como no primeiro sentido, para designar o momento em que se vai decidir o futuro do sujeito, ou então, como no segundo sentido, o momento em que a neurose mais ou menos latente do sujeito se declara com certa violência ou certa urgência. Não cabe muito insistir sobre essa polissemia. Na verdade, ela não provoca mal-entendidos.

Todas as sociedades são evolutivas, umas mais, outras menos. Nas que evoluem rapidamente, a adolescência desempenha um certo papel, de modo muito escondido: está, para muitos, naquilo que se manifesta como evolução social. Se tivéssemos boa consciência do que foram as crises de adolescência de homens que influenciaram sua época, isso nos ajudaria muito a entender os efeitos sociais dessas crises. (Aliás, não ignoramos tudo das crises de Baudelaire, Rimbaud e muitos outros; mas pouco sabemos sobre aqueles que disso não falaram.).

Mas a questão é muito complexa; os adultos, que não estão em crise, não deixam entretanto de ter problemas e com certeza as crises dos adolescentes são influenciadas por problemas dos pais. Em termos analíticos, veremos que, nesse caso, os jovens escolhem novos modelos identificatórios e que, freqüentemente, não os encontram. Nas sociedades inteiramente estáveis, esses modelos são evidentes e as crises de adolescência, por isso, são nelas muito menos visíveis.

Em todo caso, embora a adolescência de fato comece após a puberdade e se encerre com o acesso à idade adulta, é preciso perceber bem sua originalidade. A puberdade permanece uma crise puramente individual, que não apresenta nenhum problema social. Ela não se modifica com a situação sócio-histórica. Tem efeitos psíquicos e psicológicos, mas não questiona o social, ao passo que a adolescência já ameaça criar um conflito de gerações. Tal conflito tem evidentemente seus valores – e sua ausência pode passar, mais que por uma exceção, por uma anomalia e, no fim das contas, por um sintoma desfavorável.

Na maioria dos casos, os distúrbios da adolescência opõem o adolescente aos pais, aos adultos, às autoridades e até à sociedade em seu conjunto, ou apenas à classe social dos pais, com todas as variantes possíveis. Quando é uma criança (e não um adolescente) que apresenta distúrbios (no momento da puberdade, por exemplo), é possível aceitá-la em análise a pedido dos pais. Pois, assim procedendo, não nos comprometemos e tampouco comprometemos o tratamento. O mesmo não acontece se se tratar de um adolescente, e talvez seja aí que resida a maior dificuldade. Em todo caso, podemos ver claramente em Freud como ele fracassou nos poucos casos de análise de adolescentes que havia iniciado *por demanda* (e um pouco demais, inclusive, *por conta*) dos pais. Freud adotava com demasiada facilidade uma posição paterna. Não que fizesse figura de pai na análise, disso sabia se guardar. Mas considerava a demanda do pai como justificada (na realidade, a demanda o era provavelmente, mas não aos olhos do paciente). E isto tem que ser levado em conta. Não é fácil evitar estas dificuldades, às quais justamente o próprio Freud não escapou, mas, de qualquer modo, devemos vê-las muito bem e com elas nos preocupar, se queremos entender algo e se pretendemos exercer alguma influência. É aqui que a fórmula de Lacan: *"O analista só se origina de si mesmo"* encontraria sua justa aplicação – muito embora geralmente a apliquemos a questões institucionais inteiramente exteriores à clínica.

É raro um adolescente (mesmo após a redução da maioridade a dezoito anos) iniciar por si próprio uma análise, sem pelo menos prevenir os pais quanto a isso. Tal no entanto aconteceu na minha prática, mas apenas por duas vezes. Eram adolescentes que haviam deixado a família. Eram maiores, de acordo com a lei, mas ainda em plena adolescência. Não tinham uma independência verdadeira e, de qualquer modo, não tinham dinheiro para pagar uma análise, pelo menos no início. São casos que me ensinaram muito, mas minha experiência está limitada a esse tipo de casos e não tenho idéias particulares, experiência sobre o que se deve fazer, sobre a atitude que se deve ter com um adolescente que aceitamos em análise a pedido dos pais. Simplesmente adivinho que o problema é delicado. Não apenas os pais parecem estar pedindo demissão ao recorrerem a um analista, mas o analista é um traidor já que parece servir, por dinheiro, aos interesses dos pais. Sei bem que esses obstáculos não são insuperáveis e que são superados todos os dias. É preciso mesmo assim assinalar-lhes a importância. Não temos um número suficiente de resumos de casos de análise de adolescentes, trazidos ou não pelos pais. E aqueles que encontramos em Freud são todos infelizmente exemplos de fracassos. É claro que nada é mais instrutivo do que os fracassos, contanto que não sejam tomados como modelos.

Há, de fato, em Freud, dois exemplos que não constituem fracassos: um é o de Katharina, nos *Estudos sobre a histeria*, o outro é o de Norbert Hanold. Mas a análise de Katharina não passa de um brevíssimo encontro de férias – ela própria pediu de fato a ajuda de Freud, mas tudo se passou em um dia. E nada mais sabemos. Quanto a Norbert Hanold – que se curou tão bem e com tanto prazer –, é um personagem de romance, e não é Freud quem "o cura", é Zoe Bertgang, a *Gradiva*. Voltarei a este exemplo.

Não é espantoso que esse embaraço me tenha feito pensar que era melhor não procurar muito uma técnica em Freud. Ele nos deu uma teoria insubstituível, mas sua ajuda é pequena na prática com os adolescentes. O analista em quem encontraremos algo de mais utilizável é Winnicott. Não é Melanie Klein, que se interessava mais por crianças e reduzia muito o trabalho do analista à interpretação "simbólica". Winnicott traz idéias originais, bem pouco consideradas entre nós. Acha a prática da análise, por exemplo, simples, fácil e ao alcance dos iniciantes, ao passo que a psicoterapia só está ao alcance dos psicanalistas já bem experimentados, o psicoterapeuta arriscando mais a pele. É a pura verdade – mas os senhores sabem como, entre nós, fizemos exatamente o contrário desta evidência, a ponto de ser talvez tarde demais para voltar atrás. Este é o peso do instituído... Em todo caso, seria preciso tranqüilizar os analistas e persuadi-los de que não estarão desonrados se assumirem, caso necessário, uma atitude psicoterápica. O que, em certos casos, pode muito bem ser necessário com um adolescente. As possibilidades de fracasso são maiores com uma análise estrita. Ora, os fracassos são menos perdoáveis nesse caso, já que a adolescência, de qualquer modo, se normalizaria com o tempo.

Quanto às crises de adolescência, Winnicott lembra justamente esta evidência: a adolescência dura apenas um tempo e o tempo é seu remédio natural. Mas é preciso acrescentar, é claro, que essa crise comporta riscos, que pode acabar mal, com azar, e estou persuadido – embora seja difícil provar – de que um certo número de esquizofrenias resulta de crises de adolescência que foram *impedidas*, e não resolvidas. A história das doenças mentais – disciplina que nos falta um pouco – mostraria talvez que a freqüência dos casos de esquizofrenia aumenta ao mesmo tempo que o caráter evolutivo da sociedade... Eram mais raros nas sociedades estáveis. Não se deve combater a crise de adolescência, não se deve curá-la, nem encurtá-la, mas antes acompanhá-la e, se soubéssemos como, explorá-la, para que o sujeito dela tire o que de melhor puder. O jeito, em todo caso, é aceitá-la. Winnicott observa também que o adolescente não pede de modo algum para ser "compreendido" e isso tem a ver, no adolescente, com uma atitude – a ser respeitada – que se assemelha à intransigência. Compreender, ser compreendido é pactuar ou aceitar compromissos ou acomodações. O analista tem razão de se abster, caso contrário seria o paciente quem recusaria.

É preciso levar em consideração a importância dada por Winnicott ao jogo, ao brincar, isto é (em seu sistema), a fazer do espaço analítico um espaço transicional, onde reinem outros princípios que o da realidade. Vemos que ele considera a adolescência como um estado *patológico normal* (esta junção de palavras vem de Freud, mas Freud não a aplica à adolescência). A palavra adolescência, aliás, não figura nos índices, exceto nos *Estudos sobre a histeria*, onde ele considera a adolescência, vagamente, como uma espécie de repetição da puberdade. (É verdade que a língua alemã não tem um termo específico para o francês: *adolescência*.) Se a adolescência é um estado *patológico normal*, isso pode ser facilmente explicado. É que seria anormal dela escapar – seria mutilante, seria uma parada no desenvolvimento, de que resultaria uma forma mais ou menos visível de debilidade.

Aos olhos de Winnicott portanto – e talvez aos olhos de todas as pessoas, exceto alguns pedantes –, é uma passagem incontornável, mas uma passagem que não é sem riscos. Winnicott dá a impressão – sem disso nada dizer – de apoiar-se na lembrança que guardou de sua própria adolescência e talvez deva ser assim em todo caso, conscientemente ou não. Aquele que condenar sua própria crise de adolescência, ou que dela tiver vergonha, poderá ficar constrangido, caso se torne analista, diante da crise de adolescência de seu paciente.

Quando Winnicott se aventura pela metapsicologia da adolescência, nada diz de muito interessante. É verdade que sobre este assunto dispomos de poucas luzes e que o que podemos encontrar de melhor (mas não em Winnicott, tratarei disso) é a questão difícil e ainda confusa das identificações. Por outro lado, no que Winnicott escreve sobre a adolescência, ele pensa que o eu [*moi*] – no momento da adolescência – teria que enfrentar "um novo surto do id". Assim, a adolescência seria como que a repetição – ou talvez a continuação da puberdade. É possível, com efeito, encontrar analogias, mas que uso fazer delas? Penso que a adolescência não pode nem um pouco se explicar com o que sabemos da puberdade. Sem contar que não vemos o que poderia ser a utilidade ou a eficácia de uma explicação instintual ou pulsional no caso de uma crise na adolescência. É um problema para Daphnis, ou Chloé e, sabemos, Longus mostrou muito bem como resolvê-lo de um modo nada original...

Winnicott tem ainda razão quando assinala os efeitos da carência do meio familiar. Seria muito longo examinar as formas que essa carência pode assumir: o recurso à autoridade ou, ao contrário, a desistência, as recomendações tendenciosas ou o silêncio, a sedução e até o bom exemplo – não acabaríamos mais –, e há também, naturalmente, o mau exemplo... E, além disso, os pais, lembremos, parecem estar pedindo demissão ao apelarem para um psicoterapeuta para o filho. Podem criticar o trabalho do psicoterapeuta e desfazê-lo entre as sessões, etc. Ademais, desde o início, pelo fato de terem sido os pais que o recrutaram e que o pagam, o analista já arrisca estar privado de uma parte de seus meios.

O conflito do adolescente com a família é ora latente, ora patente, mas sempre presente, mesmo nos casos bem normais, em que uma terapia não é julgada necessária. Se são os pais que fazem intervir um analista, este arrisca ficar implicado no conflito se não tomar cuidado. Os casos mais favoráveis são aqueles em que o adolescente pode escolher ele próprio um analista, com independência e até sem o conhecimento dos pais. Mas esses casos são raros. Vimos há pouco como isso acontece entretanto, graças à redução da maioridade. Análises feitas nessas condições têm sido particularmente favoráveis.

A maioria das análises de adolescentes, obviamente, é iniciada por demanda dos pais e os resultados podem ser inteiramente satisfatórios. Contanto, naturalmente, que o analista não seja visto como um aliado da família, nem como um defensor do adolescente contra a autoridade parental. Winnicott quase sempre trabalhou com os pais. Não tenho pessoalmente experiência nesse tipo de análise e isso é talvez um resquício de minha própria crise de adolescência, que foi, digamos, tumultuosa e longa, e que meus pais me deixaram prosseguir sozinho, com os inconvenientes, mas também com as vantagens que aquilo tudo comportava. Por isso não tratarei dessa questão; outros, sem dúvida alguma, estarão em melhores condições para fazê-lo. É uma questão que deve ser tratada, é importante, mas nela não tenho experiência.

Entre as observações de Winnicott, há que o adolescente nunca aceita uma solução falsa – ou uma solução que lhe pareça falsa –; a frase de Winnicott subentende que é a engenhosidade dos pais que poderia propor esse tipo de compromisso.

Sabiamente, Winnicott pensa que a sociedade deve aceitar as crises de adolescência como um fato normal, mas ele vai mais longe: a sociedade *deveria evitar buscar um remédio para isso.* Tal advertência afasta as soluções administrativas ou institucionais. A razão disso é que, segundo ele, "a sociedade *não é suficientemente sã* – isto é, sensata" para que a ela confiem esse campo. Refletindo bem, dou-lhe razão. Não é deixando as autoridades tomarem medidas em favor de – e como distinguir? – ou contra os adolescentes que poderíamos remediar o que quer que seja. Vemos bem que Winnicott deve sua inspiração à lembrança de sua própria crise de adolescência – uma certa oposição à sociedade, oposição que se tornou bem razoável para que veja claro nessas questões.

Por outro lado, não sabemos muito bem se existem crises de adolescência que são o início de uma doença mental e outras que só se tornam doença mental porque foram contrariadas. Esta incerteza, de qualquer modo, recomenda prudência.

Nosso papel, diz Winnicott, é *enfrentar*, o que subentende não suportar passivamente e não reprimir cegamente. Nesse modo de enfrentar, ele vê o sinal da saúde – tanto para a sociedade, para a família, para o terapeuta, sem que seja necessário distinguir.

Podemos nos perguntar por que Freud falhou nas duas análises de adolescentes cujo relato publicou. A resposta não é difícil. Com Dora, ele queria demonstrar que a análise dos sonhos fornecia uma técnica eficaz, que bastaria para lhe dar os meios de interpretar os problemas inconscientes de Dora. Ele se interessava mais pelos problemas de sua técnica do que pelos de sua paciente. Evidentemente, os progressos da teoria dependem da experiência clínica e até, principalmente, da análise dos fracassos. Mas, por outro lado, esse trabalho deve reverter, no final, em benefício dos pacientes. Ele falhou na análise da jovem de *Um caso de homossexualidade feminina* por razões análogas. Porque o que o interessava era o segredo da homossexualidade e além disso, ele havia feito sua a demanda dos pais. São momentos da constituição da psicanálise e, historicamente, esses fracassos são esclarecedores. Mas, felizmente, não somos mais obrigados a subordinar a esse ponto os interesses do paciente aos da pesquisa teórica. Não porque a teoria esteja hoje estabelecida, Freud a tendo estabelecido para nós. Mas porque, ao prosseguirmos a análise sem preocupação de provar uma verdade teórica, podemos ter da mesma forma, e talvez melhor, a oportunidade de confirmar, de modificar, de refutar, ou de inventar propostas teóricas. Pois não é a teoria que traz um incômodo: *é a preocupação de defendê-la.* As teorias são feitas de modo a poderem ser refutadas, caso contrário são dogmas que aplicamos cegamente. *Não estamos na posição de Freud, que tinha necessidade de ter razão.* É unicamente por escapar a essa necessidade que Winnicott é, nesse caso, um melhor guia. Poderíamos nos perguntar por que essa oposição se manifesta principalmente em relação à adolescência. Deve ter algo a ver com a relação com a autoridade, por exemplo com a figura do pai no caso de Dora, e no outro caso (o caso de homossexualidade) também.

Há uma terceira "análise de adolescente", mas, desta vez, brilhantemente bem sucedida. Antes de mais nada, o pai nela não figura; e depois, o paciente é imaginário. É a análise de Norbert Hanold, na *Gradiva*[1]. Essa análise de adolescente – embora não seja nem um pouco real – não deixa de ter certo interesse. Há mesmo assim um fracasso – é que o autor, Jensen, após ter se sentido lisonjeado pelo interesse que Freud manifestara por seu romance, ficou categoricamente irado diante das insistências de Freud. Esse "fracasso", também, nos ensina ou confirma algo.

A chave da história, aí ainda, é que Freud não pôde esconder que seu interesse pelo romance de Jensen estava ligado à promoção da doutrina analítica. Escreveu a Jung contando que a análise que pôde fazer do livro de Jensen *"nos permite gozar* (da contemplação) *de nossas riquezas"*. Mas essa preocupação não podia mais trazer nenhum incômodo, uma vez que Jensen havia escrito o livro, evidentemente, sem qualquer objetivo desse gênero. Apesar do caráter *"literário"* dessa análise de um adolescente, talvez valha a pena entrar um pouco em detalhes.

É nesse livro que Freud repete o que já havia dito nos *Estudos sobre a histeria*: que há uma relação entre a psicanálise e a literatura. *"Os grandes escritores são nossos verdadeiros mestres, já que têm acesso a fontes que para nós estão fechadas"*. Ou então: *"Não se deve perguntar se a obra romântica é conforme à verdade teórica. A verdadeira questão é saber se a teoria se mantém de pé diante da obra literária"*. É claro que, se Freud se interessa por Jensen, é porque nele encontra uma prova a seu favor. A prova de que sua teoria é verdadeira.

Na *Gradiva*, no entanto, Norbert Hanold tem uma oportunidade inteiramente excepcional, que não arriscamos encontrar em nossas análises – ele é analisado e curado *por seu próprio recalque*. Pois Zoe Bertgang, que veio a seu encontro em Pompéia e que lhe devolverá a razão, é ela precisamente que Norbert havia *"recalcado"*. Não podemos esperar que isso ocorra numa análise ordinária, a não ser que seja sempre um pouco o caso, graças à transferência – mas creio que estaríamos aí nos comprometendo um pouco demais... Parece-me, no entanto, que, graças à transferência, o analista é colocado numa posição de alguém que sabe; ele é *"suposto saber"*. (Para Lacan, é o inverso: o fato de que o analista é

[1] Freud, *Délire et rêves dans la* Gradiva *de Jensen*, Gallimard / Idées.

suposto saber é que é a causa da transferência. Mas, no outro sentido, é mais convincente.). A transferência vem evidentemente primeiro. Caso contrário, a análise não teria nenhuma especificidade. O caso de Norbert, analisado pela própria Zoe, que ele não reconhece, ou que não sabe que reconhece, é simplesmente hiperbólico... Tudo isso tem pouca importância, uma vez que nem Zoe nem Norbert existem.

A situação entre Freud e Jensen não é simétrica... É a Freud que algo falta – a Jensen nada: ele está contente por seu livro ter agradado. O que falta a Freud – sob sua forma lógica – é que Jensen reconheça que descobriu, sem sabê-lo, a verdade analítica. Mas quando Freud insiste, Jensen fica com raiva. Freud não entende por que *"ele lhe nega sua ajuda"*.

Qual ajuda? Um escreveu um livro de ficção, o outro vê nesse livro uma confirmação de suas teorias psicológicas e o faz saber ao autor. Isso pode ser a prova (evidente) de que um escritor não precisa desse gênero de saber teórico. É Freud quem precisa de Jensen, como prova da verdade de suas teorias. Pois Freud parecia um pouco com o rei Jehu – o terrível assassino de Jezabel –, que não podia encontrar um militar, amigo ou inimigo, sem lhe dizer: *fique atrás de mim*. Jensen compreendeu que Freud queria recrutá-lo, ou arregimentá-lo, ao lhe dizer "você é um analista", "você faz parte do bando", como vai mais tarde fazer com Groddeck... O qual cairá no laço.

Winnicott – é aí que quero chegar – distanciou-se de Freud ao dizer: *"não tenho causa a defender"*. E depois, para falar a verdade, analisar Hanold não significa nada. É Jensen, justamente, quem deveria ser analisado, com a ilusão de que se saberia mais sobre a criação literária. Mas, no final das contas, não se saberia muito mais.

O que se deve guardar dessa anedota concerne às relações da psicanálise com a literatura. Freud, repetidas vezes, toca nessa questão. Ele reconhece que suas análises "se assemelham a novelas compostas por escritores"... Ora, de fato, é entre os escritores que falaram de sua adolescência que podemos encontrar alguma luz. A crise de Hanold talvez não seja uma típica crise de adolescência. Assemelha-se antes a uma manifestação obsessiva – e Jensen não era mais um adolescente quando a escreveu. E quando dissessem a Hanold (ou a Jensen) que tudo aquilo confirmava as teorias freudianas, eles só poderiam ficar indiferentes. Nada podemos tirar do romance de Jensen. Foi um devaneio arqueológico que ele tornou plausível através de uma intriga engenhosa. Freud acabaria por dizer que é um devaneio louco que se torna plausível por sua conformidade com o saber analítico. Eles não podem se entender, é claro.

Numa análise, pouco importa para o paciente que as teorias sejam confirmadas. Essa observação é mais importante do que aparenta. Cada um tem que jogar com as cartas de que dispõe, e não precisar que lhe expliquem as regras do jogo. O que não é fácil fazer de forma teórica...

Nesse jogo, é claro, a dificuldade vem do fato de que as identificações desempenham papel capital, dos dois lados. Os problemas de identificação são deixados um pouco na sombra, principalmente nas análises de adultos. Lacan trata as identificações como essencialmente patológicas – ele as faz remontar ao estágio do espelho –, são fatos especulares e é o simbólico que deve deles nos livrar. A identificação seria a fonte da loucura. Acho tal atitude muito pessimista. As identificações têm todos os tipos de efeitos diversos, bons ou ruins, sem contar que os conhecemos muito mal. Mas sabemos que o *eu* [moi] é feito *apenas* de identificações.

É a obscuridade dos fenômenos de identificação que torna difícil uma teoria psicanalítica da adolescência. O sujeito é obrigado – como, por quê? – a condenar as identificações passadas. Sabe que *"não é mais uma criança"* – se não o sabe, não faltará quem o lembre disso – mas também sabe que não é um adulto (do que o lembram ainda mais) e que se expõe ao ridículo (que produz justamente uma ruptura de identificação no nível do eu [*moi*]) se se deixar levar a crer nisso. Os pássaros que mudam de penas são infelizes. Os humanos também mudam no momento da adolescência, suas plumas são plumas emprestadas – e dizemos com freqüência que o adolescente que começa a perder suas antigas identificações assume um ar *emprestado*. As roupas não parecem ser suas, quer sejam roupas de criança ou de adulto, mas, sobretudo, para suas opiniões, é a mesma coisa – elas são emprestadas. Quem primeiro criou essa metáfora, esse emprego da palavra *emprestado*, como se vestíssemos as roupas de outro, como se fizéssemos os gestos de outro, como se falássemos a fala de outro – essa pessoa havia de fato adivinhado o que são as dificuldades da identificação consigo, através das identificações com outros, e o quanto é incômodo ela se tornar confortável. Ele, é claro, o sabia sem o saber, e estamos parados quase no mesmo ponto...

Sabíamos há muito tempo, e antes de Freud, que *"Eu é um outro"*. Sabemos também que ele é sucessivamente – ou simultaneamente – vários outros –, mas ainda entendemos mal como tudo isso se ajeita no fim da adolescência, pois o sujeito de forma alguma se *livra* de seus objetos emprestados; num sentido, consegue tornar-se eles, integrá-los, fazê-los seus. Sua personalidade continua certamente tão heterogênea quanto sempre foi, mas é *heterogênea e ainda assim integrada*. Não dispomos atualmente de meios teóricos para justificar essa situação[2]. De fato vemos que um romancista é a um só tempo todos os personagens de seu romance: que, separados, podem fazer uma senhora baderna ao se encontrarem, mas que dentro do romance estão em trégua. Do contrário, como Balzac teria se virado com suas identificações? Não dispomos de meios teóricos para explicar isso. Temos que admitir que a psicanálise nos ajuda a entender muitas coisas, mas que ela não precisa aparentar saber quando não tem meios para isso – ou, simplesmente, ainda não os tem.

A teoria – ou as teorias – relativa à identificação, ou aos diferentes tipos de identificação, não foi levada muito longe. É assunto muito difícil. O ator que representa Hamlet identifica-se com um personagem; seja. Mas não a ponto de matar de verdade Polonius, pois seria um outro tipo de identificação – louca. Freud não tratou dessa questão, tal como ela se coloca na psicanálise pessoal – ele a encontrou sobretudo na *Psicologia de massas*. Seria preciso, se quisermos nos voltar para a teoria, compreender a adolescência como um problema de identificações, no plural. Eu disse que é uma espécie de muda. As velhas identificações caem como velhas plumas, para que outras cresçam. Mas o que acontece com o sujeito, ou melhor, com o eu [*moi*], durante esse processo? Como compensa ele as identificações perdidas, como aceita as novas? Em minha primeira comunicação, para introduzir o tema da identificação, mostrei como Baudelaire tinha se identificado com o autor inglês do *Jovem encantador* e com o próprio jovem encantador, é claro, e como esse jogo continua com La Fanfarlo. Sartre compreendeu que naquele momento Baudelaire caíra no logro e não mudaria mais. É exatamente isso. Florenne, que editou um Baudelaire, bobamente se escandalizou com isso. Mas é ele

---

[2] Freud diz que a identificação que abandona o Eu [*moi*] do sujeito vai se alojar no caráter. Isso parece de acordo com as observações.

que não entende nada. Acha que não "acabou" porque Baudelaire ainda tem toda a sua obra a fazer. Mas isso não tem nada a ver. A crise de adolescência, a muda de Baudelaire acabou. Ele terá que fazer com o que lhe resta. E seu destino já está fixado. Embora sua obra esteja por ser escrita.

Minha impressão é de que, diante de uma crise de adolescência, não dispomos de meio algum para intervir no que é o essencial: as escolhas no campo das identificações. Podemos conduzir um jogo – à maneira de Winnicott –, jogo que não traz diretamente conseqüências para a realidade, do mesmo modo que as identificações – no teatro – liberam identificações tirânicas. É muito delicado e a técnica é evasiva. É a capacidade lúdica, trata-se de jogar com as identificações, mas de um certo modo bem pouco explícito. Pois ao fazer questão de me identificar com o personagem do analista, mantenho este personagem no sistema do paciente, refratário ou falsamente cooperante. E no entanto tenho que continuar sendo o analista e ele, o paciente – mas estou somente identificado com o analista. A complexidade da teoria (ainda não feita) das identificações é tal, que posso ser identificado com um analista que se identifica com outra pessoa... É um mundo onde temos muito o que fazer – que o saibamos ou não – mas onde faltam por completo os guias e as regras.

Falou-se muito da identificação entre os teóricos. Identificação projetiva, identificações a diferentes níveis, incorporação oral, etc, e por que não antropofagia... Mas não temos nenhuma teoria praticamente utilizável e ninguém é capaz de explicar como jogar de modo prático com as identificações de um paciente. Creio que é essa carência teórica que torna embaraçosos os casos de patologia da adolescência. Apesar de não serem em geral muito graves, nem de evolução inquietante, creio que seria preciso classificá-los próximos às psicoses – psicoses temporárias e benignas – e não próximos às neuroses. O caso de Norbert Hanold na *Gradiva* não é um verdadeiro caso de adolescência porque se assemelha em demasia a uma *neurose*, neurose obsessiva (um pouco fantasiosa: é uma criação literária). É só literatura (e não grande literatura). E se a crise de Norbert se assemelha mais a uma neurose do que a uma crise de adolescência é evidentemente porque Jensen a imaginou a partir do que, de neurótico, podia encontrar em si mesmo.

Quanto ao aspecto "psicótico" – entre aspas, é claro – das crises de adolescência, o aspecto de alienação – isto é, as identificações e as desidentificações no nível do eu [*moi*] e do ideal do eu – é algo que podemos entrever, ou em todo caso suspeitar. Mas não é garantido que isso possa ser utilmente analisado, a não ser indiretamente e quase como sem o conhecimento do paciente – e até do analista... Esse pessimismo visa apenas à *teorização* dessas crises, pois, como é sabido, sua evolução é, antes, em geral, favorável. A ausência de toda crise seria, com certeza, mais inquietante. E acrescentarei, inclusive, que tenho o sentimento de que um analista que não tiver bem presente a lembrança de sua própria crise de adolescência – o que deve ser bem raro, pois se não, por que teria ele se tornado analista? –, que tal analista, portanto, arrisca ficar um pouco perdido numa análise de adolescente. O saber teórico, nesse caso, não basta mesmo.

O último texto literário sobre a adolescência, publicado dois meses atrás pela Editora Gallimard, é *A estátua* de Colette Audry. Texto interessante de ser posto em paralelo com *Um caso de homossexualidade feminina* de Freud. Colette Audry saiu-se bem melhor.

Sobre a identificação, bem como sobre o resto aliás, mas principalmente sobre a identificação, porque a questão é realmente difícil, e *permanece* realmente difícil, tento ver aí um pouco mais claro. Eis um exemplo que imagino. O ator que representa Hamlet identifica-se, suponho, tão perfeitamente com seu personagem que poderia improvisar, como quando se representa *a soggetto*, ou poderia então cometer lapsos que seriam lapsos de *Hamlet*. Por exemplo, na cena com o coveiro, quando está com o crânio de Yorrick na mão, em vez de dizer: *"Alas, poor Yorrick."*, ele comete um lapso e diz: *"Alas, poor Hamlet"*. Suponho até que Shakespeare possa ter cometido o lapso ao escrever o papel, tê-lo corrigido recolocando Yorrick – depois, refletindo bem, recolocando Hamlet por achar que ia tão bem quanto; e talvez melhor... Eis uma forma de identificação.

Mas suponho um outro ator, que se identifique, ele também, com Hamlet e com uma identificação mais alienante, tanto que realmente mata por trás das cortinas o outro ator que representa Polonius.

Digamos que a primeira identificação é lúdica, a outra é louca, mas de qualquer modo isso pode simplesmente supor que há um interesse terapêutico em puxar a identificação para o lado lúdico. Mas vejam a complicação: o ator que representa Hamlet identifica-se com Hamlet –

mas é preciso que esteja identificado *também e ao mesmo tempo* com um ator que representa Hamlet. E penso que é assim que funciona o espaço transicional de Winnicott. É aí que a *realidade* permite o jogo *irreal.* E assim, são a mesma coisa, o espaço analítico e o espaço transicional.

E não é opondo – por exemplo – o simbólico ao imaginário que curaremos... o imaginário, em nome da verdade. Pois, curiosamente, é no imaginário que vamos encontrar a cura, que vamos nos libertar pelo jogo. Agora, para explicar de que jogo se trata, é toda a psicanálise que se precisaria evocar, em seu conjunto...

Numa análise de adolescente, o analista não conseguirá grande coisa se ficar próximo de seu saber, saber este que faz parte do mundo que o adolescente contesta. O que ele deveria obter é que se possa entrar no *jogo* da contestação – único meio de se achar num mundo onde se possa estar de acordo –, mas isso continua muito obscuro, pois a análise não é um jogo. Mas, ao dizer que o espaço analítico é o espaço transicional, Winnicott diz o essencial.

Discussão

Um ouvinte

Como surge a questão da identificação na cura analítica?

Octave Mannoni

Tive, em análise de adulto, uma jovem mulher que guardava da adolescência uma identificação com... a Virgem Maria. Tinha, aliás, vaginismo (era uma perfeita histérica).

Perguntei-me se não haveria identificações negativas, identificação com alguém com quem não se quer parecer.

Mas não devemos reduzir a questão à escolha do objeto identificatório. É preciso falar também dos diferentes tipos de identificações. Identificação no nível do eu [*moi*], no nível do ideal do eu, e isso não resolve tudo.

Existem identificações voluntárias, outras totalmente inconscientes, algumas surgem ao longo do *acting out* (e deixam o sujeito estupefato quando toma consciência disso), outras surgem durante os sonhos...

Para dar uma visão das complicações que podem apresentar as identificações, citarei um exemplo: um jovem estrangeiro traz em análise o seguinte *acting out*: ele estava na avenida dos Champs-Elysées, a pouca distância da praça da Étoile [Arco do Triunfo], e vê passar uma jovem mulher bem elegante. Aproxima-se dela e lhe pergunta onde fica o Arco do Triunfo. Ela estoura de rir na cara dele, o Arco do Triunfo estava diante dos dois. Pasmo com a própria burrice, o rapaz queria saber como pôde ser capaz de tal estupidez. A análise é muito fácil: um amigo seu teve uma aventura com uma jovem mulher a quem perguntara o caminho, e isso se passou junto ao Arco do Triunfo... A identificação é nesse caso inconsciente. Consciente, seria imitação. Não é uma simples identificação com o amigo, mas, de certo modo, com sua conduta. Se fosse uma identificação no nível do ideal do eu, esse analisando teria imitado o amigo em outros traços de seu comportamento. Por que recorre ele a um *acting out*, uma vez que poderia ter sonhado a coisa? Poderia também ter feito daquilo um devaneio. A identificação, que desempenha um papel capital na vida psíquica, parece poder tomar todas as formas e estamos muito longe de ter podido catalogá-las...

Michèle Ducornet

Os "bandos de adolescentes" servem para que nos interroguemos sobre os desvios e os retornos da identificação. Podemos nos perguntar se algo aí não tem relação como o que conhecemos do estágio do espelho. Nesses grupos, em que cada um parece o reflexo no espelho do outro: mesma roupa, mesmo penteado, mesmos emblemas..., cada adolescente ocupa uma parte desse corpo, ao mesmo tempo que lhe é refletida a imagem do corpo inteiro. Como se estivéssemos em presença do retorno a uma forma de identificação primeira, no mesmo tempo em que a maturação leva a retomar as formas da segunda identificação.

Octave Mannoni

O que fazer? Acho que Winnicott tem razão, pois nos fornece a cena, o campo, o campo de jogo, a cena do teatro onde poderemos construir a identificação lúdica que curará do outro. Mas não ouso dizer isso "oficialmente", porque é uma teoria que sinto, mas não a tenho. Não tenho a teoria da identificação; dou dela uma idéia.

Charles Zygel

A noção de adolescência é algo difícil. É um conceito analítico? Parece que não. Mannoni mostrou bem, não é exatamente a puberdade, Freud fala de puberdade e não menciona, por assim dizer, a adolescência, de modo que chegamos a uma espécie de estado de fato que está espremido entre duas coisas: esquematicamente, de um lado haveria os surtos do id (retomo o que dizia Mannoni), que vêm perturbar o eu [*moi*] e que não trazem problemas sociais; do outro, a adolescência deve principalmente ser situada como momento de identificação, ou momento identificatório. O romance de Gombrowicz, *Ferdyduke*, trata unicamente da recusa do narrador de se tornar adulto. Ele quer continuar adolescente a qualquer preço. Recusa então "inventar uma cara", isto é, recusa a identificação. Recusa também o protesto pulsional, já que se recusa a se deixar "infantilizar" pelos adultos. Que passo a mais poderíamos dar? Seria uma interrogação próxima à identificação, mas ressaltando que essa identificação é múltipla e que interfere na identificação com um modelo social. Poderíamos ressaltar, por exemplo, que a noção de adolescência é uma noção que é antes de mais nada histórica, que variou consideravelmente. Por exemplo, no século XVIII, é o personagem do recruta que é o adolescente. Com a burguesia do século XIX, podemos dizer que há uma revolução da noção e o modelo da adolescência é o adolescente à espera, o adolescente filho de burguês, que está no colégio. Atualmente, assistimos a uma mistura dos limites, na falta de ritos de passagem; isto é, há uma adolescência que se misturou e se prolongou consideravelmente. Na saída de um colégio ou de uma escola primária, é surpreendente constatar que professores e alunos de todas as idades vestem os mesmos *jeans*, as mesmas camisas, quase sempre têm os mesmos cortes de cabelos. É, pois, poderíamos dizer, a mistura dos limites e a eliminação ou esvaecimento dos ritos de passagem, dos sinais que indicam a que faixa etária se pertence. É difícil reduzir as coisas em torno de um conceito analítico: a adolescência. Temos aí uma dimensão fenomenológica: a adolescência traz problemas e não atende a nenhuma definição.

Octave Mannoni

Concordo em boa parte com o que você disse, mas gostaria de falar um pouco dos ritos de passagem. Os ritos de passagem estão organizados, existem em nós, mas não funcionam tão bem quanto nas sociedades primitivas. Há uma competição que não existe nas sociedades primitivas. Os adolescentes que se submetem a ritos de passagem não são, depois, classificados com menções "bom", "muito bom", etc. Não é a mesma coisa, é muito mais sério. É também muito mais misterioso e é bem definitivo; quero dizer, não se perde um rito de passagem, não existem reprovados no rito de passagem. Se compararmos as sociedades primitivas e a nossa, pois bem, foram os primitivos que se saíram melhor. Escrevi inclusive, num artigo, que não havia diferença entre o ensino tal como em geral o praticamos na Europa e os trotes a que submetemos os jovens, justamente antes da prova de passagem.

Um ouvinte

Não é tão claramente instituído. Acho que o que é importante nas sociedades primitivas é o modo como tudo está previsto. Há provas pelas quais se tem que passar.

Um ouvinte

Na sociedade ocidental, o indivíduo é puxado para fora de si e levado para outrem, para outra coisa, para outras imagens que não são dele. Nas sociedades primitivas, ao contrário, o indivíduo é trazido para si através de um ritual e de regras. Nas sociedades ocidentais, o rito de passagem leva o indivíduo a se identificar com papéis num quadro hierárquico. A identificação, nos dias de hoje, é a fragmentação. A identificação não poderia, ao oposto, tender para uma reunificação do ser?

Ariane Deluz

Não acho que se possa afirmar que nas sociedades ditas primitivas os indivíduos são reduzidos apenas a si mesmos; pelo contrário, os ritos de passagem permitem que assumam algo que os ultrapassa e que é justamente o corpo social. E para responder a Octave Mannoni, não acho tampouco que se possa dizer que não existem reprovações durante os ritos de passagem nas sociedades primitivas. Entre os Masaï do Quênia e em certas tribos da América do Norte, por exemplo, o impetrante que suporta mal as provas físicas impostas durante os ritos é banido da sociedade; os adolescentes só se apresentam quando se sentem prontos e alguns nunca se apresentam, excluindo-se assim do corpo social.

Victor Azoulay

Eu ia tomar a palavra quando, há pouco, alguém na sala abordou o problema social dos bandos de adolescentes. Perguntava-me interiormente a propósito da natureza da busca do adolescente ao procurar a companhia de outros adolescentes, seja para se entregarem à toxicomania, ou para darem juntos livre curso à sua agressividade ou à sua violência.

Neste momento, Sr. Mannoni, gostaria de lhe agradecer por nos ter proposto suas reflexões sobre a adolescência. Se entendi bem o que o senhor nos diz sobre as identificações, seria preciso propor ao adolescente identificações "como se", em vez de identificações "como" (imitação). Não pude deixar de ouvir em inglês (*not like, but as if*). Logo associei ao poema de Rudyard Kipling: *If.*

O autor, dirigindo-se a um adolescente imaginário segundo seu ideal do eu cultural, lhe promete: SERÁS UM HOMEM somente se cumprires um certo número de realizações, de condições contraditórias, de escolhos inevitáveis a serem vencidos. Quantos dentre nós continuam a se deixar encantar por esse poema que vem nos cantar aos ouvidos *a necessidade de perseverar corajosamente a fim de ser adulto, um homem enfim*, como... quem? Mas aí é que mora o problema.

Não pensa o senhor que existe um hiato freqüentemente intransponível, entre, de um lado, o adulto, que supostamente devemos ser, confortados além disso pelo saber teórico, do outro essa adolescência em crise, fato social atual, certo, mas fenômeno que sempre teve equivalentes em todas as épocas?

O que eu gostaria de dizer se situa em três níveis:

– O primeiro estaria próximo ao mito: a saber, aquele introduzido por Freud: o mito da horda primitiva. Podemos imaginar o adolescente em crise, às voltas com tentações de agressão e violência, como se, sem se dar conta, reproduzisse um velho sonho escondido no fundo de si mesmo, pertencesse à horda primitiva, participasse com os irmãos da morte do chefe da horda e se perguntasse se iria ou não, com os irmãos, ter o culto do amor pelo "pai desaparecido".

– O segundo parâmetro de minha reflexão é que, ao mesmo tempo, esse adolescente seria como que habitado pelo fantasma de ser o filho único de sua mãe *exclusivamente*, é claro, com o que isso implica de fantasmas de agressões subjacentes, daí a raiva e o furor tão próximos da ambigüidade oriunda do vivido mito supracitado... a conferir, dessa forma, a seus comportamentos insólitos, um alicerce mítico-fantasmático. Isso é importante de ser sublinhado e o desafio aí está, pois é isso que deverá eventualmente ser ouvido nesse adolescente que se arrasta feito alma penada, a exibir a um só tempo uma rejeição pelo mais velho (o adulto) e um pedido... Como lançar uma ponte até ele?

Dizem que Pierre Mâle recomendava vivamente que não houvesse fracasso no primeiro encontro com um adolescente em crise, aparentemente não solicitador. É preciso, segundo ele, aceitar renunciar à regra da neutralidade (impavidez) com o risco de cair na sedução; enfim, dar um jeito para que o adolescente tenha vontade de voltar e que volte para nos ver. É preciso poder, já na primeira vez, demonstrar-lhe nosso interesse por sua importância e sua inquietação. Se voltar, a partida ainda não estará ganha, é claro, pois as dificuldades estão apenas começando para nós, mas todas as esperanças restam então permitidas, a ele, de retomar um certo diálogo consigo mesmo.

– A terceira parte de minha intervenção tratará do que o senhor formulou, *grosso modo*, nestas palavras: *"o analista que não se lembra de sua própria crise de adolescência não é analista"*. Entendo-o muito bem e vou tentar lhe dizer em que estamos de acordo. De fato, em certos casos difíceis – os *borderline* – ou em certos momentos difíceis de análise de adulto já bem avançada, nossa dificuldade consiste em não podermos mais "ouvir" o que realmente se passa, nem o que está sendo dito; o que nos é "dado a ver" nesse discurso, por sua crueza e violência, frustra-nos em nosso prazer de funcionarmos psiquicamente na poltrona, em nosso hábito adquirido de "sonhar a infância". Como devemos agir? Fazer da poltrona uma "muralha"? Passar ao ato? Não, certamente; de preferência continuar a agüentar até que ressurja em nós a desagradável reminiscência de nossa própria crise de adolescência (figuras esquecidas como: passagens no vazio, túnel interminável, travessia do deserto, isolamento, solidão), é isso mesmo que temos que suportar um certo tempo.

Talvez a mensagem tácita de nossa empatia seja sentida no divã e o trabalho analítico possa retomar seu curso?

Assim me pareceu a confluência do fator mítico e do fator fantasmático a trabalhar por trás da aparente fratura entre o adolescente e seu meio. Tudo aconteceria como se um pensasse ter saído do túnel, ao passo que o outro ainda não sabe que está atravessando um... e que não é o mesmo!

Um ouvinte

Que teoria o senhor propõe?

Octave Mannoni

Não quero fabricar uma teoria especialmente para propô-la a alguém... Podemos ajudar os adolescentes, como sugeri, transformando as identificações de reais em lúdicas. O êxito é possível, mas é preciso uma certa arte, um certo gosto por esse tipo de jogo, já que se por infelicidade o analista achar que representa um modelo, que é sério, que está adaptado à sociedade, que é o outro termo num dos pratos da balança, aquele que tem o peso, tendo o adolescente diante de si, se isso assim acontecer, não vejo como se possa lá chegar. Ou bem o adolescente será vencido, renunciará ao que quer e se resignará a ser alguém comum, ou então fará oposição, fugirá. Não consigo imaginar o analista como modelo para o adolescente. Não é possível. O analista arrisca se acomodar ao dizer a si mesmo que o adolescente não está entendendo nada daquilo, mas que ele, o analista, sabe. É justamente ao dizer isso que o analista não sabe.

Victor Azoulay me perguntava há pouco o que eu pensava da fórmula: *numa terapia de adolescente, é preciso primeiro seduzir o sujeito.* Se seduzir alguém é se entender com ele, ter boas relações, por que não? Se tomarmos a palavra "sedução" no sentido de provocar de imediato uma transferência positiva, aí então é um erro. A análise sempre começa por uma transferência negativa. Se quisermos que comece por uma transferência positiva, faremos manobras que serão certamente suspeitas. Tentaremos seduzir.

Hubert Brochier

Gostaria de voltar por um instante ao plano um pouco mais fenomenológico para dizer a Octave Mannoni que, embora seja difícil dar uma descrição ou uma definição satisfatória da adolescência, é possível talvez passar pela definição, a descrição do inverso, isto é, do estado adulto ou da maturidade. Como sabem, existe toda uma psicologia do "eu" [*moi*] abundante nesse sentido e que forneceu todos os tipos de modelos da maturação e da maturidade. De acordo com essa psicologia, o adulto deveria estar desligado de todos os investimentos do simbolismo infantil, ajustável a todas as situações inevitáveis com um mínimo de conflito, tolerando a frustração, etc.

Octave Mannoni

Basta só ser, nesse caso, curado.

Hubert Brochier

Estou plenamente de acordo com o senhor e gostaria apenas de lembrar que na reflexão freudiana, ao contrário, as exigências da adaptação social nunca constituem a finalidade do desenvolvimento individual. Pode haver conflito entre o desejo e o controle social e Freud via na libido uma força mais ou menos errante, sem objeto claramente definido; de modo que, se nesse conflito a sociedade quase sempre vence, não é apenas ao preço da maturação, mas às vezes da neurose.

Isto vai talvez ao encontro das intuições de Rousseau, para quem a adolescência é o movimento do primeiro encontro, o momento daquilo que, em psicologia, podemos chamar de a intersubjetividade, porque a relação com o outro é, desta vez, baseada numa dimensão essencial do encontro, a saber, a diferença entre os sexos.

Também para Freud, parece-me, apesar da ausência de um vocabulário específico, a puberdade não deve ser fundamentalmente distinguida da adolescência (*jugend*) e é, de fato, se relermos os *Três ensaios sobre a teoria da sexualidade*, o momento decisivo da escolha do objeto. Entre as numerosas citações que poderíamos fazer em apoio a essa opinião, lembrarei apenas esta, que é breve: *"A partir dessa época o indivíduo humano acha-se diante de uma grande tarefa, que consiste em se desligar dos pais, e é somente após ter cumprido essa tarefa que poderá deixar de ser criança para se tornar membro da coletividade social."*.

Para Freud, em suma, se entendo bem, a adolescência é não só repetir (o Édipo), separar-se dos pais, mas ainda um trabalho que questiona tudo o que o indivíduo e a sociedade podem investir no reconhecimento da diferença entre os sexos.

A prática da análise nos mostra entretanto, ao menos para aqueles que a ela recorreram, que esse desligamento dos investimentos infantis nunca é completo e que, como a análise, é interminável. E aqui, o ensinamento da psicanálise concorda, por exemplo, com o pensamento de Heidegger, que nos diz: *"A essência do ser* (o *dasein*) *é o inacabado, isto é, a presença simultânea do nascimento e da morte."*.

Octave Mannoni

Tudo o que o senhor diz está certo, mas no interior de certos limites. Um pouco estreitos. Porque o que o senhor propõe pode ser aplicado proveitosamente com adolescentes que não estão realmente *em crise*. Um adolescente em crise, diante de concepções como essas, vai se sentir incompreendido. Por outro lado, suas idéias serão muito úteis para os adolescentes – e felizmente são mais numerosos – que estão simplesmente em apuros diante da grande diversidade de opções que podem fazer.

Não é por pessimismo que falei dos outros; é porque acho que trazem ao analista as questões mais difíceis.

Dominique Spengler

Gostaria de tocar num ponto sociológico: a impressão de que o que caracteriza nossa sociedade ocidental é, poderíamos dizer, a impossibilidade de sair da crise de adolescência. Antigamente, por exemplo, as crianças estudavam até os doze anos, depois foi até os quatorze; atualmente a escola é obrigatória até os dezesseis anos. O fato de ficar por tanto tempo na casa dos pais, de ser financeiramente dependente deles até bem tarde, não é também um problema próprio de nossos tipos de sociedade?

Octave Mannoni

Não acho que isso seja o essencial. Não é uma questão de idade. Acho que a diferença é que as sociedades eram menos evolutivas. Um filho de padeiro sabia que provavelmente seria padeiro ou algo equivalente. Assim, as identificações já estavam maciçamente estabelecidas nas pessoas. Hoje, se o pai é padeiro, o que ele diz ao filho? Que este não deve sobretudo ter essa profissão. Não é mais a mesma coisa, é preciso levar em conta o contexto social. É inteiramente diferente. Existem pais que dizem aos filhos: *tenho um trabalho idiota, gostaria muito de fazer outra coisa, só tenho os números como interlocutores.* O filho vai então à casa de um amigo, o pai deste lhe diz: *tenho um trabalho idiota, só vejo doentes, sempre doentes.* Se ele ouvir isso tudo, o que é que vai fazer? Ele não quer isso, não quererá nem um nem outro, nem nenhum trabalho. Acabará tendo um, porque a adolescência tem fim, mas, enquanto for adolescente, será contra. As sociedades evolutivas são diferentes das sociedades estáveis. As crianças, hoje, são terrivelmente controladas. Dizemos a uma criança: *você vai estudar, vai fazer um doutorado, por exemplo, depois então fará o que quiser.* É como se as lançássemos num tobogã onde vão quebrar a cara.

Mesas-redondas

Resumos

I
POR QUE A ESQUIZOFRENIA EXPLODE NO FINAL DA ADOLESCÊNCIA

Amaro de Villanova[1]

Acho difícil fazer um resumo muito fiel. Na realidade, a jornada de hoje fez com que voltássemos a certas questões que haviam aparecido durante a primeira Jornada. Elas giraram, essencialmente, em torno da questão do conceito de angústia hipocondríaca e do que pode aparecer como análogo no adolescente normalmente em crise e em alguém que vai entrar na esquizofrenia, bem como de uma certa incapacidade de simbolizar e portanto de entrar num investimento do próprio corpo, que, bem entendido, é de qualquer modo bem diferente no adolescente normal e no esquizofrênico.

O que constatamos é que, para impedir essa conotação pejorativa do diagnóstico de esquizofrenia, é interessante dirigir a análise para as analogias e não se deixar enganar pelo caráter crônico da esquizofrenia. Parece-me que a questão hoje não é mais esta. É muito mais a do devir sócio-médico dos esquizofrênicos, isto é, que destino institucional ou

[1] Em colaboração com Irene Roublef.

que destino terapêutico, em sentido amplo, podemos oferecer a alguém que tem esquizofrenia?

Acho que, ainda aí, a questão deve ser colocada de modo análogo àquela relativa à adolescência, a saber, que há algo de inelutável na adolescência e que não devemos achar que evitaremos o que quer que seja ao intervirmos. O que podemos fazer é deixar acontecer algo que, de certa maneira, deve ter vida própria. Não se trata de defender uma posição socrática, que recusaria qualquer intervenção no desenrolar de uma doença. É certo que há um otimismo que seria inteiramente inoportuno, tanto em relação aos adolescentes quanto aos doentes mentais. Por outro lado, se dirigirmos nossa atenção para questões relativas à estrutura, poderemos, por exemplo, evitar uma psiquiatrização pesada ou um destino asilar a alguém que pode a rigor ser cuidado relativamente bem em condições mais leves e sem estar preso a uma vida institucional psiquiátrica.

"Constatamos", diz Irène Roublef, "que a crise de adolescência pode assumir infinitas formas, desde as excentricidades de comportamentos, delinqüência, formação de bandos, drogas, etc, até as anorexias, as bulimias, os retraimentos psicastênicos, ou as tentativas de suicídio. Pode haver também adolescentes sem crise visível, a não ser num dia especial. Em todo caso, os desvios de uma economia pulsional à procura de si mesma não devem ser confundidos com as descompensações patológicas. Maurois disse que os adolescentes estavam divididos entre o apelo da carne e o terror do pecado. O que queremos discutir é o porquê da explosão da esquizofrenia no final da adolescência e, sobretudo, que é a explosão de algo que preexistia em toda a vida anterior do sujeito. Se não admitirmos o fato desse golpe anterior, estaremos negando toda a descoberta freudiana, já que estaremos negando o inconsciente. A esquizofrenia é, de início, uma eliminação (*Verwerfung*), um excluído da *Bejahung* que é ela própria a manifestação sincrônica, num dado sujeito com exigências pulsionais que Abraham chamava de "exorbitantes", de um fracasso de ordem ou da ordem simbólica, um fracasso que é, ele, diacrônico. O que não é deixado ser na encruzilhada da *Bejahung* não se encontrará no historial, isto é, no desenrolar, nas anedotas da vida do sujeito. Daí advém que o que não foi simbolizado reaparece no real, fora do tempo e fora do discurso, e uma fala de adulto nada poderá fazer, ao contrário das outras manifestações da adolescência em que efetivamente há algo, digamos, da sugestionabilidade, que pode muito bem funcionar e que tem seu lugar e que é, na minha opinião, muito mais adequado do que uma escuta profunda em certas situações".

Admitindo isso, com todo o pessimismo devido, a clínica só teria a ganhar no estudo comparado de crises e de patologias análogas em suas manifestações. Quanto aos problemas trazidos pelos psicóticos, nem todo o benefício do que a psicanálise pode produzir foi completamente extraído, longe disso.

Por exemplo, seria interessante comparar o devir de adolescentes que tiveram períodos críticos importantes com o devir de crianças cujos casos de psicose foram tratados na infância e, enfim, com aqueles que não foram tratados e em quem explodem as esquizofrenias no final da adolescência. Interessante no que discutimos foi permitir todo um jogo de comparações, através do que cada um pode trazer como caso, relativo a esquizofrênicos. Na maior parte do tempo, não estamos, cronologicamente falando, nos limites de uma adolescência, a não ser no caso em que consideramos a esquizofrenia como uma parada num dado período do desenvolvimento, que conserva aquela aparência juvenil que bem caracteriza os esquizofrênicos. É numa ótica de comparação de experiências clínicas, mais do que numa teorização, que as coisas podem ser enriquecedoras. Obviamente, na medida em que existem experiências muito diversas, torna-se mais fácil abordar coisas que não foram tão utilizadas, como o conceito de angústia hipocondríaca que Freud introduz em seu texto sobre o narcisismo.

Maud Mannoni

Vou fazer o advogado do diabo a fim de melhor abrir um debate contraditório: a esquizofrenia é um diagnóstico global e nem todos os esquizofrênicos – como, aliás, o senhor mesmo diz – são "feitos" do mesmo modelo. Wolfson, por exemplo, é um modelo em que a esquizofrenia é essencialmente uma recusa da fala materna, que se torna uma recusa da língua. *Não existe esquizofrênico em línguas estrangeiras.*

Não há nenhuma dúvida de que algo de *antes* deve preceder o que vem *após.* Mas não é nem um pouco claro saber se podemos situá-lo *antes.*

O fracasso da ordem simbólica: isso traz problemas, pois poderíamos dizer que tudo que resta ao esquizofrênico é justamente a *ordem simbólica*, que ele utiliza fora de propósito. Trata-se de saber *o que é a ordem simbólica*. Se é a ordem num sistema simbólico, ou a capacidade de utilizar essa ordem para as questões semânticas.

Não existem esquizofrênicos nas sociedades estáveis (no lugar, temos a paranóia). Mas tampouco temos crise de adolescência nessas sociedades pouco evolutivas (ou, pelo menos, sob a forma que assume entre nós).

Atualmente, não há teoria que se imponha sobre esses pontos. Pode muito bem haver *passado* que *predisponha* sem trazer distúrbio; e presente que *desencadeie*. Por enquanto, sabemos pouco sobre o assunto.

Se há momentos em que a fala do adulto pode vir apenas agravar um episódio delirante, cabe ao analista não ter uma atitude que coincida com a do neurologista de Schreber. Um analista deve interrogar a parte que lhe cabe no agravamento do estado de seu paciente. Em Bonneuil, conhecemos situações em que foi preciso hospitalizar o adolescente, mas em que um adulto teve participação no desencadeamento da crise. Por outro lado, operamos um milagre com um catatônico de quem não se esperava mais nada. Seu terapeuta foi outra criança.

Pierre David

Em sua notável intervenção, Villanova, você fala de um *"otimismo que seria inteiramente inoportuno"* no que diz respeito às crises graves da adolescência que nos fazem suspeitar uma evolução esquizofrênica irreversível. Assim, acontece-lhe às vezes ser *pessimista*. Maud Mannoni, ao contrário, é *otimista*. Mas ela se modera ao confessar que faz "o advogado do diabo". Maud afirma: *"Não existem esquizofrênicos nas sociedades estáveis. Não há crises de adolescência nas sociedades pouco evolutivas"*. Ela está acusando, em nossa sociedade, a intervenção patogênica de certos adultos.

Pessimismo ou otimismo? Na minha opinião, a questão não é essa. Os fatos são os fatos. Queiramos ou não negar a existência de uma estrutura psicótica, "isso não a impede de existir".

É um fato clínico muito conhecido que crises juvenis graves podem se resolver sem seqüelas. Da mesma forma que é preciso ter bem em mente que existem psicóticos que não podem ser curados. Apesar de nossa boa vontade, deparamo-nos com um muro.

Se nos fecharmos na nosografia psiquiátrica, como Bergeret, ou se negarmos a esquizofrenia assim que um delírio desaba para falar de psicose histérica e negar a originalidade estrutural do conceito de foraclusão, como o faz Maleval, acho que estaremos errando o alvo.

Tive duas experiências opostas com alguns anos de intervalo: recusei o divã a um esquizóide que pedia uma didática. Deixou-me após dois anos de face a face. Revi-o cinco anos depois, era um esquizofrênico delirante de aparência incurável, para mim, em todo caso.

Recentemente, tive um diálogo analítico com um rapaz de dezoito anos que todos os psiquiatras diagnosticavam "esquizofrênico". Ele havia assustado todos os nossos fazedores de diagnósticos. Fomos para o divã, apesar de sua idade jovem. Ele agora está fazendo brilhantes estudos. Vive feliz. Parece estar ligado à sua psicanálise.

Por enquanto, digo bem: "por enquanto", ele parece evoluir para uma homossexualidade platônica cicatricial. O onanismo lhe basta. Está em curso.

Em vez de falar de "estrutura", de "otimismo" ou de "pessimismo", eu preferiria falar – para todos esses casos – do acaso de um encontro em que as disposições pessoais do analista (sua contratransferência em sentido amplo, se preferirem) desempenham um papel maior no bem e no mal.

Amaro de Villanova

De modo algum pensei que isso poderia ser entendido assim. Justamente, nas apresentações de casos, o que víamos era essa diversidade absoluta e, a rigor, digamos, o absurdo que haveria em falar da esquizofrenia. Existem esquizofrênicos, é óbvio, a esquizofrenia é algo que serve de código, mas que não transmite nenhuma mensagem.

Maud Mannoni

É por isso que é importante relativizar um pouco as coisas, principalmente durante a adolescência, quando o sujeito se vê confrontado com identificações múltiplas. Acontece-lhe ir muito mal e apresentar-se sob a roupagem da psicose. Um drama se passa com vários personagens. É importante trazer o drama para junto da comédia... O catatônico de quem eu falava há pouco chegou àquele ponto porque nada mais esperavam dele. Algo pôde acontecer a partir do momento em que se achou preso num outro discurso (que não era o discurso médico-familiar sobre seu "caso") e que encontrou jovens preocupados com ele, que o puxaram para a vida. Nas estruturas urbanas que são as nossas, encontramo-nos facilmente isolados, sem ninguém com quem falar.

II

A NOÇÃO DE "CRISE". DECODIFICAÇÃO E TRATAMENTO

Ginette Michaud[2]

Decidi não entregar um texto preparado, mas resumir as intervenções a partir do quadro de apresentação que li na mesa-redonda hoje de manhã. Procurarei extrair as questões que foram comuns ou que mobilizaram os participantes.

A partir da noção de decodificação da crise, os participantes da mesa-redonda examinaram o conceito de adolescência e de infância, bem como o lugar da criança na sociedade (apoiaram-se nos trabalhos de Ariès e de Ryback), foi lembrado que a infância é uma criação do século XVIII.

---

[2] E colaboradores.

Marcos Einis traçou a história do conceito de adolescência na história do movimento psiquiátrico, vinculada às noções econômicas e políticas do século XIX, em *feedback* entre a Europa e os Estados Unidos. Marcos Einis tentou estabelecer uma valorização progressiva da compreensão dos pontos de crise que levaram ao atual retorno na Europa das concepções sobre o adolescente, que são as nossas e que são sustentadas pelos conceitos que atualmente utilizamos. Estes estão próximos dos conceitos americanos do início do século, tanto no nível dos conceitos quanto sobre os modos de assistência que encontramos nos dias de hoje, cem anos após (abertura dos hospitais, lugares de crise, dispensários, abrigos para jovens, isto é, o setor precursor e pré-antipsiquiatria). Einis analisa o lugar histórico dos conceitos de adaptação, de integração, na verdade a história que vai se iniciar nos Estados Unidos, em razão dos adolescentes a serem integrados, isto é, os descendentes dos imigrantes europeus. A partir da história dessas pessoas, a noção de estrangeiro-imigrante surgiu na mesa-redonda. Françoise Savelli ilustrou essa problemática e desenvolveu um ponto de trabalho: a dificuldade de transmissão dos ideais através das gerações, a partir da complexidade das identificações entre os magrebinos* de segunda geração, que vemos atualmente, sobretudo na região parisiense (e isto, através do caso clínico de um jovem toxicômano sob os cuidados do centro de cura onde ela trabalha). Savelli tratou das particularidades da crise de adolescência nesse jovem e de como o problema pôde ser evocado, bem como das particularidades da estrutura dessa crise em relação a uma evolução bloqueada e a uma crise de adolescência que não aconteceu. Surgiu nesse momento a eventualidade da utilização de temas culturais tais como "defesa psicótica", ou então a noção do uso de droga para manter uma distância contra o desejo da mãe. Françoise Savelli nos mostrou como a passagem da droga e o movimento de inércia identificatória foi móvel nesse adolescente e como ele chegou a uma passagem à agressão. Como a crise de adolescência se desenvolveu em si mesma. (Está dito na apresentação das Jornadas que uma das questões seria a seguinte: *Seria a psicose devida a uma crise de adolescência que se agravou, ou então a uma crise de adolescência não efetuada, em razão da fragilidade das identificações?*). Com esse caso de Françoise Savelli, pudemos discu-

* Imigrantes árabes oriundos do norte da África (o Maghreb). (NT)

tir a elaboração progressiva do lugar identificatório do pai, que não está foracluído, mas que se apóia num lugar real, difícil de ser simbolizado no discurso da mãe e muito flutuante. Aí interveio a noção de flutuação em relação às identificações.

Assim, a noção de adolescência é em si mesma crítica em diversos níveis, mas outro problema é a decodificação da crise de adolescência como etapa de ajustamento à própria identidade sexuada, com sua rejeição dos ideais parentais, sua busca de novas identificações, a reativação do todo-poder infantil em luta contra a aceitação do corpo marcado pela sexuação masculina ou feminina. Moses Laufer dá a esse momento da adolescência o nome de "fratura" no desenvolvimento, *breakdown*. Essa fratura pode desenvolver no adolescente mecanismos de defesa psicótica, que eu chamaria de normal, com regressão à imagem do corpo despedaçado e não-dissociado, sustentada pelo fantasma de que o corpo não é nem macho nem fêmea. Esse momento seria normal, às vezes infinitamente curto, provisório, às vezes muito longo. Nesse momento é que apareceriam mecanismos de defesa à frente da cena clínica. Quando esses mecanismos são decodificados apenas no sentido de uma evolução psicopatológica para a psicose, por um olhar nosográfico estreito, um atendimento inadequado, grande é o perigo, para o adolescente, de que a dialética dos mecanismos de defesa se bloqueie e se cristalize numa estrutura de tipo *borderline* ou pré-psicótica (ainda que agora reservemos este termo à patologia infantil). É um perigo, mas não inelutável. Aqui está a polêmica ou pelo menos a discussão com Amaro de Villanova: quais são as condições para que o bloqueio seja definitivo? Se o adolescente puder posteriormente entrar em contato com essa "fratura", através de um atendimento ou de uma escuta analítica, em sentido estrito ou amplo (teríamos que discutir sobre o que entendemos por escuta analítica), compreenderemos (o adolescente poderá compreender) o sentido da rejeição de seu corpo sexuado, bem como de seus antigos ideais que também são representados pela lei social. Nesse caso, a evolução poderá recomeçar e foi o que nos deram como exemplos dessas posições os casos expostos pelos colegas Reverzy e Mina Delleda Luchini. Jean-François Reverzy desenvolveu esta questão: como inscrever uma resposta analítica em contraponto à demanda sócio-médica na qual o adolescente se acha aprisionado. Uma vez a crise inteiramente construída, Reverzy nos mostra um caso preciso, o de Didier. Os interlocutores sociais, postos à prova pelo sintoma apresentado pelo rapaz, angústia hipocondríaca de tipo cancerofóbico, "largaram-no" num hospital.

Essa famosa cancerofobia se modificou, digamos que o adolescente mudou de câncer, iniciou um trabalho terapêutico com Reverzy. Acabou por encontrar um espaço social, sentiu-se valorizado, tornou-se campeão de bisca. Considerado louco num primeiro tempo, conseguiu num segundo tempo se impor como o "Mozart da bisca" na região.

Mina Delleda Luchini falou-nos de sua experiência num lugar que abrigava adolescentes durante quatro ou cinco dias. Explicou-nos a transformação da escuta dos adultos. Em vez de escutar, puseram-se a questionar e a provocar o diálogo.

Pode acontecer também de a fratura ser provocada pela rejeição dos ideais antigos e pelo vazio de ideais de substituição. A luta contra esse vazio induz o adolescente a construir "neonecessidades" e uma "neo-realidade". Frédéric Rousseau fala do desamparo dos adolescentes que perderam a posição de desejantes, uma vez obtida a satisfação imediata da necessidade.

A evolução de uma psicose é devida a uma crise que se agrava (Octave Mannoni)? Ou se trata então do aumento desse *breakdown* de que fala Laufer? Para ele, é antes da fase de latência e da resolução do Édipo que uma falha inscrita na estrutura determina uma "potencialidade" psicótica, que só se revelaria depois, no momento da crise de adolescência.

Como fazer a decodificação? Como distinguir a crise normal de adolescência "que se agrava" – e que, com um trabalho apropriado, pode em breve tempo retomar um dinamismo evolutivo – da crise sintomática dessa potencialidade psicótica, a pedir também um trabalho apropriado se quisermos ajudar o adolescente a não se fechar num impasse.

Outras questões foram levantadas, mas falta-me tempo para desenvolvê-las.

Patrick Delaroche

Devo dizer que a intervenção de Ginette Michaud provocou em mim um certo mal-estar, que certamente não é devido a seu pensamento, mas aos autores citados na mesa-redonda por ela fielmente relatada.

Alguns desses autores, com efeito, querem fazer da adolescência não apenas uma nova especialidade psiquiátrica, mas uma especialidade psiquiátrica que utilize o reforço de dados psicanalíticos. Ginette Michaud acaba de citar em particular Moses Laufer, um psicanalista inglês. Moses Laufer veio recentemente a Paris, convidado para uma palestra sobre a adolescência que acaba de acontecer sob a égide de uma universidade parisiense e cujo resumo figura numa nova revista. Ora, não creio exagerar dizendo que o que Moses Laufer faz com os adolescentes, que atende de modo muito diretivo, é de certa maneira tirar proveito desse momento em que são frágeis os investimentos e as identificações, para na verdade influenciar o destino desses adolescentes em função do que ele crê ser justo e bom em relação à sua própria experiência da vida, em resumo, ter para com eles uma atitude *pedagógica.* Penso que se é bom denunciar a *ilusão psicanalítica* em matéria de pedagogia, não o é menos denunciar a *ilusão pedagógica* em análise.

Ora, acho que devemos considerar a adolescência sob o ângulo psicanalítico de modo mais são. O interesse seletivo dos psicanalistas por esse período crítico – ao qual escapam, aliás, boa parte dos indivíduos – sempre me pareceu eminentemente suspeito. Trata-se para mim de um período muito variável, situado entre a infância e o estado dito adulto, em que o sujeito novamente questiona seu destino enquanto *"totalidade"*, conforme expressão que devo a Paul Israël, e em que ocorre um remanejamento *das* identificações, como ressaltou Octave Mannoni.

Ora, existe, entre os terapeutas de adolescentes, exatamente como entre os terapeutas de psicóticos, uma tentação contratransferencial megalomaníaca, talvez porque tanto uns como outros têm a ilusão de intervir no nível do real. Acho que não se trata de nada disso, mas, antes – para o terapeuta –, num caso como no outro, *de encarnar um ideal do Eu que parece estar faltando.*

Poderia falar mais sobre isso, mas prefiro ficar por aqui para não monopolizar o debate.

Ginette Michaud

Posso ter derrapado ali. É derrapagem, por exemplo, tomar um termo de um autor, como "fratura" ou *breakdown,* de Laufer, que não conheço, mas este termo parecia ilustrar o que eu queria dizer. De fato, é derrapagem tomar um termo tirado de seu contexto e que o ouvinte supõe ser uma adesão a todo o conjunto da teoria. Em nenhum momento eu estava querendo fazer referência à ilusão pedagógica no atendimento.

III

PEDAGOGIA E/OU PSICOTERAPIA

Patrick Delaroche[3]

O resumo desta mesa-redonda vai me permitir precisar aquilo de que há pouco falava.

Esta mesa-redonda reuniu quatro hospitais-dia que chamarei por seus nomes comuns: *La Grange Batelière*, *o centro Étienne-Marcel,* o *CEREP* (bd Jourdan) e *Ville-d'Avray*.

Não deveríamos achar que esse assunto nos afasta do tema geral desta Jornada: *Adolescência / Psicose*. Com efeito, se nos questionamos quanto ao estatuto da pedagogia em estabelecimentos como os nossos, é por pretexto para falarmos ao mesmo tempo do estatuto da loucura.

Pretexto? Mas não o é, precisamente, a pedagogia, em estabelecimentos ditos de assistência? Ora, se, numa perspectiva médica, a assistência visa chegar à cura, esta não pode ser definida sem uma adaptação do indivíduo a si mesmo primeiramente, a um estatuto social mínimo em seguida, e este estatuto na adolescência é antes de tudo de *formação*, a qual precede o trabalho que, desde o pecado original, é o lote comum.

Assim, o lugar da escolaridade nos hospitais-dia para adolescentes nos interessa, primeiro e antes de tudo, como *desalienação* possível em face da segregação, da rejeição das estruturas, ditas normais, que distúrbios

---

[3] Em colaboração com J.-J. Baranes, J.-P Brugidou, P. Israël, X. Jacquey, B. Penot.

diversos provocaram. Mas oferecer uma estrutura escolar não é, de certo modo, colocar *a carroça na frente dos bois?* Todo o problema aí está.

Quantas vezes pudemos notar que ao mandarmos de volta à sala de aula um adolescente por outro lado ouvido, isso pôde não só tranqüilizá-lo, mas também fazer calar nele um delírio que uma escuta complacente arriscava fixar. Melhor ainda, não estava ele, justamente, nos testando dessa maneira em nossa piedade contratransferencial de terapeuta?

Interrogamos, pois, em primeiro lugar, a *estrutura* desses estabelecimentos e sua relação com a pedagogia. Em alguns, a pedagogia enquanto pedagogia curativa tem lugar central[4]; nos outros, está articulada com um sistema de tratamento[5]. Assim, todos os dias são feitas as mesmas perguntas: quando, a que momento e por que mandar de volta às aulas um adolescente que sofre.

Ora, toda a experiência prova que esse sofrimento, capaz, no adulto, de se tornar crônico e cristalizado numa doença psiquiátrica, é, no adolescente, eminentemente lábil. Mesmo no adulto, aliás, uma atitude *normativa* em relação ao trabalho pode ser eminentemente salutar. Não é aliás essa a atitude do psicanalista, que exige de seu paciente o preço de suor reclamado pelo salário das sessões?

O lugar da pedagogia em nossos estabelecimentos – e não é por acaso que a psicanálise é a referência terapêutica deles, nem é por acaso que são geridos por associações tipo lei de 1901 – deve, pois, ser encarado sob o ângulo terapêutico.

Mas, em conseqüência, quantas ambigüidades! Pois como evitar as interferências recíprocas! Para Paul Israël (La Grange), que vai lançar a discussão, trata-se de *livrar a pedagogia dos efeitos da transferência.* Para Jean José Baranes (Étienne-Marcel), é preciso evitar as armadilhas da transferência em sua difusão institucional e o psicanalista deve ter uma posição "tangencial" em relação à assistência pedagógica.

Bernard Penot se refere aos quatro discursos de Jacques Lacan (do Mestre, do Universitário, do histérico, do psicanalítico) para dizer que, se os *papéis* de uns e outros são intercambiáveis na instituição, nenhuma *função* oficial monopoliza em si mesma um dos quatro discursos. Na

---

[4] La Grande Batelière; Ville-d'Avray.

[5] Étienne-Marcel, bd Jourdan.

síntese clínica, cada um fala mais em função da posição transferencial que ocupa em relação ao caso. (O que podemos chamar seu *papel.*). Há, pois, uma relação dialética entre a função teórica e o papel transferencial, papel a que não escapam os professores.

Para Jean-Paul Brugidou (Ville-d'Avray), enfim, se as funções estão, em teoria, separadas, na prática os psicopedagogos têm um duplo papel pedagógico e terapêutico, o que vai colocar a questão do pedagogo que faz terapias no estabelecimento, ainda que isso não se dirija aos adolescentes por ele atendidos no grupo.

A estrutura de cada instituição não reflete obrigatoriamente os conceitos teóricos. Com efeito, a admissão é pronunciada por um psicanalista consultor em três dos estabelecimentos (La Grange, o CEREP, Étienne-Marcel), ao passo que, no último (Ville-d'Avray), é uma equipe composta de um médico e de um psicopedagogo que a decide.

Resta (Delaroche) que a pedagogia pode desempenhar no plano terapêutico, um duplo papel: desalienação em primeiríssimo lugar, em relação às instituições psiquiátricas, critério de realidade em seguida, tentando evitar sedução recíproca e todo-poderosa infantil do desejo. Mas o *lugar* da escolaridade permanece estruturalmente ligado à decisão do terapeuta, ao passo que na sociedade está ligado à lei, e isso tem conseqüências pesadas.

Victor Azoulay

Perguntinha bem rápida a Patrick Delaroche a respeito da onipotência dos psicanalistas ou da psicanálise em relação ao adolescente. Não seria conveniente medirmos a distância que separa o todo-poder naquilo que nos é pedido na realidade e o fantasma de onipotência com o qual trabalhamos na poltrona?

Patrick Delaroche

Justamente, acho que você introduz aqui o problema do *enquadramento analítico* estudado por J.-L. Donnet. Precisamente no encontro com o adolescente, é preciso sem cessar *falar* do enquadramento. Pela boa razão de que é preciso estabelecer um enquadramento fora do qual eles estão na maior parte do tempo. É a condição da análise possível do fantasma: fora de um enquadramento constituído e decidido em comum, fazemos uma interpretação selvagem e uma passagem ao ato, sinal, precisamente, de nosso desejo de todo-poder.

IV

TRAJETOS DE ADOLESCENTES DENTRO E FORA DAS INSTITUIÇÕES

Philippe Petry[6]

Bonneuil é uma "instituição fragmentada". A forma antinômica do termo (como lembra R. Lefort)[7] indica o que, do instituído e do discurso estabelecido sobre o qual ele se apóia, é nesse lugar interpelável por todo sujeito, inclusive por aquele que se situa fora do discurso – o psicótico.

"A metáfora da fragmentação visa à abertura do lugar de vida para o exterior. A instituição assume essa fragmentação. A partir daí, algo pode ser retomado, ou mais exatamente abstraído daquilo que seria o sentido limitativo. Por onde é dada ao sujeito a oportunidade de surgir num outro discurso. A alternância das estadas entre Bonneuil e os centros de atendimento no interior é usada como medida contra a tentação de um meio refúgio-fechado, onde se repetiria a inclusão-exclusão dos sujeitos. No jogo da presença e da ausência em relação a Bonneuil, um efeito de simbolização pode ser induzido".

A noção de trabalho, tal como é utilizada em Bonneuil, visa a uma problemática do sujeito numa perspectiva analítica. As crianças que assim

---

[6] Em colaboração com Chandra Covindassamy, Michel Polo (em referência a *Un lieu pour vivre,* Seuil e *Secrète enfance*, Épi).

[7] *Éducation impossible,* Seuil, 1973.

o desejarem podem, já antes da idade de quatorze anos, passar um ou dois dias por semana numa oficina mecânica, num restaurante, numa bijuteria, numa padaria, numa marcenaria, numa tipografia, etc. Essas atividades exteriores lhes permitem com freqüência estabelecer, de modo totalmente diferente, sua relação com a escola e retomar assim a escolaridade que fora às vezes interrompida.

É a partir de um primeiro tempo de a-escolaridade que uma demanda escolar pode nascer. Além disso, graças às atividades propostas fora de Bonneuil e na própria escola, as crianças dispõem de numerosas possibilidades de aprender, descobrir, brincar juntas, exprimir-se, inventar. Oficinas diárias reúnem regularmente crianças com educadores e psicanalistas da equipe, aos quais se juntam às vezes profissionais (em torno da música, da mímica, da cozinha, do teatro de sombras, dos contos, etc). A organização desse lugar como "lugar de vida" permite ajudar um tipo de crianças rebeldes às reeducações e tratamentos psiquiátricos clássicos. Foi assim que algumas crianças conseguiram entrar na 5ª série do primeiro grau ou na 1ª série do segundo grau, obtiveram o certificado de aptidão profissional (cavalariço, massagista, digitador, por exemplo), o primeiro grau completo (não esquecer que se tratava de jovens em total recusa escolar), uma formação profissional (a fim, por exemplo, de conseguir um diploma de operador fotomecânico e de trabalhar no chamado setor "ligado aos livros").

Esse modo de vida e de organização das tarefas (com a alternância de estadas em outros lugares) tem efeitos terapêuticos que em geral dispensam a criança de uma ajuda quimioterapêutica importante ou de uma psicanálise individual. Algumas crianças e adolescentes (bem como os pais) são acompanhados fora do lugar de vida de Bonneuil por um psicanalista da equipe. São feitas também reuniões semanais com os pais, dirigidas por Maud Mannoni. A separação do adolescente em relação à própria escola e à família requer um trabalho contínuo junto aos pais. A criação de estruturas leves, abertas para o mundo exterior, evita o recurso posterior a um circuito médico-social de ajuda e assistência, mortal para o adolescente ou o jovem adulto.

Foi em contraponto a essa experiência clínica que abordamos, ao longo desta Jornada de estudos, a noção de *crise de adolescência*. Através de exemplos clínicos, mostramos a importância que havia em poder deixar uma "crise" se desdobrar, sem intervenção intempestiva do adulto. *A adaptação do adulto à criança* permite o surgimento, entre ele e ela, de um campo que não é outro senão o do jogo. *"São duas áreas de jogo que se sobrepõem, a do terapeuta e a do paciente*[8]*"*, com o inconsciente de um e do outro, uma abordagem do outro é tentada, tem êxito ou fracassa; tem êxito na medida em que uma experiência se inaugura. Tudo o que ali se tece como relação é feito de confiança mútua, mas também de sentimentos de onipotência, hostilidade, amor e medo.

Os adolescentes "em crise" com os quais lidamos[9] têm todos isto em comum: *uma intransigência moral* (ainda que sejam delinqüentes) que os incita a rejeitar qualquer compromisso e os leva a perseguir sem cessar "o verdadeiro", isto é, a denunciar a *falsidade* do mundo da gente grande. Esse comportamento inteiro, sem concessão alguma, afirma-se através do desafio permanente ao adulto; adulto que se acha continuamente recusado em sua autoridade e em suas referências morais. O adolescente lhe opõe sua moral feita de violência, de generosidade... e de enorme dependência para com o adulto amado-rejeitado.

A adolescência não é uma *doença*, é uma etapa entre os sonhos da infância e as realizações do adulto, etapa ao longo da qual o adolescente descobre o que não deu certo na geração que o precedeu.

Se o adulto não suportar que o recusem e opuser sua autoridade à violência do adolescente, uma incompreensão e uma violência redobradas serão a resposta dada por este último, resposta (com seus componentes de perseguição) cujo efeito raramente deixa de lembrar o quadro dos distúrbios chamados esquizofrênicos (distúrbios que refletem uma dificuldade de viver, que os adolescentes exprimem em termos de dificuldade de se sentirem reais). O filme *Laranja mecânica* mostra bem como em certos momentos, *por falta de vida imaginária*, o adolescente chega a transpor para o real fantasmas de crueldade, a ponto de só se sentir existir através do assassinato do outro, assassinato que aparentemente o deixa indiferente, mas que lhe é necessário para salvaguardar seu ser (o que ele mata no outro é sua própria imagem "ruim").

Estar à escuta do adolescente não quer dizer que tenhamos por isso que perder nossas referências, ou que façamos melhor erigindo em dogma

---

[8] Winnicott.

[9] Desenvolvido em *Un lieu pour vivre*, Seuil, 1976.

o deixar-fazer. O que nos parece importante é que toda intervenção intempestiva do adulto pode agravar ainda mais a situação conflitual, ao passo que a abstenção terapêutica é quase sempre a única atitude suscetível de preservar, posteriormente, uma possibilidade terapêutica.

A ruptura buscada em relação ao ambiente ocorre sempre sobre um fundo de dependência e a independência absoluta constitui sempre um embuste. O sujeito busca de modo mais ou menos confuso pertencer a um dado grupo social (ou reivindica uma solidão em oposição a qualquer grupo social). É mais freqüente vermos jovens (e menos jovens) *viverem a vida por procuração*, isto é, chegarem a uma forma de realização por intermédio de um outro que consegue viver. A realização pessoal ocorre numa unidade social dada, unidade (ou estruturas) em edificação e reconstrução contínuas. O mundo fantasmático do adolescente guarda sempre, lembra Winnicott, um lugar para *a morte de alguém*. Fato que deveria poder se exprimir ao máximo, não apenas na fala, mas em obras de imaginação (teatro, pintura); e toda latitude deveria ser dada para o acesso no adolescente a todas as possibilidades de transposição criadora. São estas possibilidades que se acham freadas quando se pede a um adolescente para se tornar adulto cedo demais, esmagando-o sob responsabilidades que não está em condições de assumir. Em contrapartida, compartilhar o trabalho do adulto, ganhar dinheiro, pode ser situado por ele como um jogo. Longe de torná-lo, dessa forma, adulto cedo demais, são dadas a ele possibilidades de se superar, numa atividade que lhe permite continuar disponível para a invenção. Os jovens de hoje não buscam tanto a promoção social quanto uma razão de viver – que somos cada vez mais incapazes de poder lhes oferecer. Os adolescentes psicóticos precisam em certos momentos fugir das instituições criadas para eles porque buscam no real uma mudança de paisagem que, no plano imaginário, não conseguem inventar. Às vezes precisam poder se reconciliar primeiro com as pedras (num lugar "desabitado"), antes de terem acesso a um mundo onde as mãos, até então habituadas a destruir, terão depois vontade de produzir.

São cada vez mais numerosos hoje em dia os professores e profissionais de saúde a quererem reinventar uma profissão inadaptada à situação atual. Reinventar a profissão significa questionar as estruturas nas quais se acham aprisionados os adultos, junto com os alunos e os pacientes.

O ADOLESCENTE E A FAMÍLIA[10]

Louis de La Robertie

Três pontos de vista foram desenvolvidos.

No primeiro, que poderíamos chamar de *a relação entre o adolescente e seus pais*, insistimos no fato de que, se há crise do adolescente (de preferência a crise da adolescência), há também crise parental e de que as duas são correlativas.

A segunda parte articulou-se em torno do fato de *que o patogênico existe, é encontrado*, mas se o patogênico existe, o psicótico existe, é também o produto de toda uma genealogia e isso não acontece por acaso.

O terceiro ponto de vista no qual insistimos constitui um *caso particular de psicopatologia familiar.*

Quanto à primeira parte, falarei da situação geral do adolescente e de seus pais. Partirei da seguinte hipótese: a passagem da dependência à autonomia que marca a adolescência só pode acontecer numa relação entre o adolescente e a sociedade à sua volta, a família sendo apenas uma parte dessa sociedade. O adolescente ocupa sobretudo um lugar de objeto para a família e toda a questão é bem esta: o adolescente vai poder se tornar sujeito? Talvez seja aí que o conflito se inaugure.

À crise do adolescente corresponde em espelho a crise parental. O que está em jogo é a passagem progressiva de uma relação pais-criança a uma relação adulto-adulto, ainda que essa nova relação seja marcada por um aspecto específico que é o aspecto da filiação. À explosão pulsional do adolescente pode corresponder a revivescência de certas forças pulsionais recalcadas nos pais e a suspensão parcial do recalque. Essa crise parental é marcada por um importantíssimo trabalho de luto. Muitas coisas se agrupam em torno dessa idéia de luto, situada em diversos níveis, em particular no plano narcísico e no plano do ideal do eu. A hipótese que quanto a isto levanto é que essas duas crises, a do adolescente e a dos pais, são

[10] Em colaboração com Claude Boukobza, Pierre David, Dominique Guyomard, Catherine Mathelin, Berta Roth.

correlativas, isto é, que o adolescente só pode "safar-se" ao preço do difícil caminho a ser percorrido pelos pais. E, ali onde os pais podem tropeçar, temos o direito de esperar que o psicanalista possa estar, junto com o adolescente.

A segunda parte da mesa-redonda foi centrada numa argumentação de Pierre David sobre a questão do adolescente, a estrutura familiar contemporânea e a genealogia das psicoses.

"O complexo de Édipo", diz ele, "permanece o elemento central da descoberta freudiana. Freud pôde ter essa intuição porque cresceu na família nuclear contemporânea reduzida ao casal parental e a seu filho. A sociedade global deixou para os pais o poder do interdito. Estes conseguiram assim, em certos casos apenas (mas são aqueles que são patogênicos), impor seus fantasmas inconscientes racionalizados como Lei. Muitas dificuldades da adolescência se explicam por um conflito entre a paixão parental e a reivindicação, pelo adolescente, de sua autonomia subjetiva. Muitas vezes só consegue fazê-la através de sintomas neuróticos; em outras palavras, os pais são a lei. Não há mais a outra vertente, a lei está em outro lugar.

Em certos casos, podemos perceber a genealogia da psicose através de várias gerações. O que se transmite é a um só tempo uma perturbação na estruturação edipiana dos pais e dos avós, que formam casais neuróticos, e uma corrente libidinal pré-genital que se torna, na terceira ou quarta geração, totalmente desorganizadora da estrutura simbólica da personalidade fundada no Édipo. Quando há falta de simbolização primária, o imaginário corre o risco de passar para o real.

O parentesco ampliado manifesta-se nos desrespeitos à aliança entre as duas famílias. A lembrar que, juridicamente, a aliança é o vínculo que une no casamento o parente de um cônjuge ao outro cônjuge. Encontramos freqüentemente, nas histórias familiares dos psicóticos, monstruosos desrespeitos a essa aliança, mas é sobretudo através dos rebentos recalcados ou sublimados de um Édipo não liquidado de geração a geração que surge bruscamente, num adolescente, uma estrutura psicótica".

Este texto de Pierre David foi ilustrado por um caso clínico exposto por Claude Boukobza: uma jovem psicótica de treze anos pôs-se a evocar, num episódio delirante, as origens longínquas de sua família (ilustrando assim a tese segundo a qual é preciso três gerações para fazer um psicótico). Sua loucura questiona a psicose mascarada de seu pai, homem aparentemente adaptado socialmente, e a neurose da mãe que a havia entregue a uma avó paterna.

No momento em que a adolescência vem trazer a questão da identidade sexual, essa jovem tenta, através de uma identificação delirante, preencher a hiância transmitida na linhagem paterna de geração a geração.

Berta Roth, em vários casos clínicos, procurou situar o lugar que pode ocupar a fala do pai, de um pai "todo amor", quando essa fala erotizada foi emitida através de um ato de promessa. De que modo todo o fantasma do pai pode se concretizar no psiquismo da criança? A fala erotizada, mediadora de um fantasma não explicitado, acha-se retomada pela criança como um ato, como um fato; quando o dizer e o fazer se confundem, a fala erotizada assume estatuto de ato.

O problema colocado pelo autor é o de saber como o adolescente, em face da promessa de amor parental, tomado nessa ocasião como objeto de gozo, como pode ele não fazer dos atos de outro sua própria encenação em que o ato já seria uma marca em seu corpo e uma boca sem palavras. Que outra coisa fazer senão criar outra encenação do que está ocorrendo e que não pode ser denunciado?

Na situação analítica, a comunicação de um roteiro em que o corpo é o principal personagem permitirá que se fale do perigo em que o corpo foi colocado? Onde esse corpo se tornou o instrumento de uma relação não inocente? Em outras palavras, o que do desejo desse adolescente poderá se instalar e se dizer?

As questões que podemos retirar das diversas intervenções são as seguintes:

a) a crise do adolescente e a crise parental são correlativas?;

b) o estado patogênico psicótico existe e a genealogia nele desempenha um papel. Em outras palavras, se isso acontece, não acontece por acaso. A esta questão outra se acrescenta: em que o adolescente é o diretor de cena de um drama com vários personagens?

IV

REFLEXÕES SOBRE A PASSAGEM AO ATO NO ADOLESCENTE E NA PSICOSE

Michèle Ducornet[11]

O trabalho de preparação desta mesa-redonda tinha por tema de reflexão a passagem ao ato no adolescente e na psicose. A perspectiva analítica nos leva a evidenciar duas formas, a passagem ao ato e o *acting out*, duas formas que não decorrem de uma divisão arbitrária, mas que se baseiam em diferenças clínicas e estruturais. Elas implicam uma posição do sujeito. São formas de atos que existem fora da situação analítica, mas que só podem ser situadas como testemunhas de estruturas a partir dos conceitos psicanalíticos.

Para ilustrar as relações entre *acting out* e "passagem ao ato", Lacan utilizou uma metáfora topológica[12]: a cura ocorre como se fosse numa cena, mas a sala e o público também fazem parte da cura. *"Na análise, os guichês do teatro estão fechados, a sala está lotada, tudo o que lá se encontra deve estar implicado. Quando começam a fazer tumulto, a subir à cena, é o que chamamos de acting out."*.

A passagem ao ato corresponde, ao contrário, a uma queda do público no "buraco do ponto". É o que acontece, por exemplo, quando o analista ouve no real o que lhe é trazido sob forma de *acting out*.

A aquisição da linguagem nos fornece um primeiro modelo de *acting out*: em seus primeiros usos da linguagem, a criança manipula fonemas, transporta-os de objeto a objeto, por contigüidade. Esse significante, que pode ser posto pela criança em qualquer lugar, é preciso ainda que ele a represente como sujeito para um público ao qual designa

---

[11] Em colaboração com Christiane Bardet, Thérèse Schneider.

[12] Journées provinciales de printemps, Estrasburgo, 1963. Discurso de fechamento de Jacques Lacan.

o objeto. Esse público é antes de mais nada a mãe, na medida em que é ela o suporte do significante para o qual a criança apela. Nesse primeiro tempo do *acting out* funda-se não apenas a linguagem, mas também a inscrição na cadeia significante.

Ao mesmo tempo que ocorre o advento do sujeito na linguagem, instala-se a estrutura da alienação; entre dois significantes, o sujeito só pode ser "barrado" e o jogo com os significantes poderá prosseguir. À condição que seja denegado o estatuto do Outro, portador do significante que barra, logo, da falta, é o Outro que é barrado e o jogo com os significantes não é mais possível. Tudo se passa então como se não houvesse mais cena. A ausência do lugar do Outro proíbe qualquer descentramento do sujeito, de modo que este último fica reduzido ao imediatismo da passagem ao ato.

Isso nos remete à relação entre a angústia e a passagem ao ato. O confronto do adolescente com os remanejamentos estruturais, a questão do desejo reativam, entre outras coisas, a angústia edipiana. Ao longo do desenrolar da crise da adolescência, a posição do sujeito se desvela em relação aos significantes mestres, o Nome-do-Pai, o falo, a morte. A passagem ao ato refere-se a significantes, como atesta a experiência clínica.

O adolescente deverá também romper com o suporte materno, continuando a negociar sua alienação, o que implica uma fragilidade conjuntural, de que é testemunha a passagem ao ato.

Se foraclusão e denegação [*déni*] não são estranhas à passagem ao ato, não deixam por isso de manifestar a dissociação do sujeito. É assim que a alucinação pode aparecer no adolescente de modo fortuito, trazendo a questão de seu parentesco com a passagem ao ato.

Se o *acting out* pode "ser ouvido" – na análise por exemplo – em seu valor de estrutura, o enigma da passagem ao ato deixa um "buraco": *"Não sei por que faço isso, não posso dizer nada sobre isso, deve ir embora, ou grito, ou dou socos na parede, ou chamo um enfermeiro, ou me corto todo".* Como se a angústia desse paciente fosse buscar nas hiâncias corporais que cria, esses cortes, que, em outros lugares, fundam o inconsciente.

As reflexões acima constituíam de certo modo o argumento da mesa-redonda. Ao longo da discussão, um juiz de menores nos falou dos pequenos delitos que se repetem entre os adolescentes, delitos que não se apresentam como atos irruptivos, brutais, em que o sujeito estaria tomado por inteiro, mas como delitos de repetição. O juiz havia notado que, quando o adolescente lhe falava do delito em causa, o que dizia do delito não tinha sentido algum. O que contava finalmente era a fala surgindo com a família, fala que permitia ao adolescente jogar com outra coisa que com a repetição do delito. Jogar com outra coisa, ali onde podia ser reconhecido como sujeito, fora da deriva de seus atos.

Um dos participantes nos falou de uma adolescente de quinze anos que havia matado uma criança. Essa passagem ao ato parecia ter um caráter restituidor, da mesma forma que o delírio tem um caráter restituidor. Quando falamos de passagem ao ato, temos a impressão de que não há mais cena, é, como vimos, o jogo com os significantes que não é mais possível. Encontramo-nos próximos da foraclusão, mas não necessariamente próximos da psicose.

Algo aí teria que ser trabalhado a partir da clínica: que relação existe entre os episódios alucinatórios, os acessos delirantes e o *acting out* ou a passagem ao ato na relação deles com a estrutura?

Maud Mannoni

Naquelas Jornadas de 1963, a que seu argumento se refere, Lacan havia perguntado: *pode-se falar de* acting out *fora da análise (isto é, fora de uma relação transferencial e contratransferencial)?*.

Lacan sugeriu que havia uma relação estreita entre o *acting out* – situado como representação teatral do fantasma (é um *ele* que tenta fazer com que ouçam algo; o que se passa seria da ordem do processo primário) – e a *passagem ao ato*, em que se trata de um ato que precede o dizer. Trata-se do *eu* [*je*] de uma verdade (o que se passa seria da ordem do processo secundário). Não se deve desprezar o que vem à cena como efeitos do que se passa na sala.

Em 1963, Lacan deu o nome de *passagem ao ato* a certas interrupções da análise. Falou, naquela circunstância, de uma inabilidade de Freud ao dizer à sua paciente: *é esse homem que você ama*. Foi por falta de ter sido ouvida que a paciente o deixou, nutrindo a seu respeito idéias de vingança.

A falta de simbolização do analista repercute sobre vertentes diferentes e remete ao par chiste e cômico. (É quando o efeito da sideração cessa que surge o cômico.). Há sempre uma terceira pessoa.

Quando o paciente diz: *não sei por que faço isso*, podemos nos perguntar se não há um fazer que o atravessa. *Fazer* que não é sempre estranho a falas. O ato precede o dizer ou revela o que do *eu* [*je*] fracassou em advir num dizer.

O que caracteriza o psicótico no estado segundo em que se encontra na passagem ao ato é que o eu [*moi*] está fora de jogo. No plano do vivido, é o estado de estupor, mas não se pode – como a senhora deixa entender, aliás – aplicar essa resposta a todos e fazer dela um modelo único.

Uma das contribuições da psicanálise foi tentar estabelecer uma relação entre o surgimento de tal ato impulsivo e a transferência, sem esquecer esse caráter de repetição que satisfaz às pulsões recalcadas. É em criminologia que se reserva de modo restritivo, por razões técnicas, a expressão *passagem ao ato* aos atos impulsivos violentos, sem referência a uma situação transferencial. O que eu gostaria de lembrar é que a estrutura está no sintoma e que é melhor dirigir a atenção não tanto para o sujeito, mas para um conjunto do qual ele faz parte. O sintoma tem uma função. Um contexto tem que ser interrogado. Entre a passagem ao ato e o *acting out*, não caberia um terceiro termo: *a passagem ao ato patológico ou delinqüente*?

Seria preciso, entretanto, tomar cuidado para não propor uma categoria nosográfica suplementar (relativa à passagem ao ato patológico). É estudando a diversidade do que se propõe no plano clínico que poderíamos tentar delimitar melhor o problema. Lacan, em 1963, insistiu no perigo que haveria em tomar, quando se fala de passagem ao ato, a psicose como único modelo. Lembrou o uso restritivo da expressão em criminologia, opondo-o de certo modo a seu uso mais amplo entre os analistas. Desejou poder entender mais o que aí se coloca como enigma a ser interrogado.

Michèle Ducornet

Lacan dizia isso a respeito da passagem ao ato e da criminologia, mas não me parece que haja razão para se criar uma categoria particular da passagem ao ato criminoso. Nesse artigo, Lacan falava do modo como um objeto se torna criminógeno para um sujeito, em razão de características que o ligam ao sujeito, mas que não são elas próprias geradoras de passagens ao ato... mais criminosas do que outras.

Maud Mannoni

Estou inteiramente de acordo. Intervim temendo que o público, por ignorar tudo dos casos fortes de que a senhora falou em sua mesa-redonda, não entendesse sua transcrição. Na verdade, passo ao ato da mesma forma ao morder uma maçã. É essa complicação que sublinho.

VII

A ANOREXIA E SUAS PARADOXAIS IMPLICAÇÕES

Patrick Avrane[13]

Em diferentes circunstâncias, interrogamos a anoréxica em suas implicações: o desafio que ela lança à mãe ao comer *nada* visa significar-lhe que seu corpo não é um corpo de necessidade e que ela o interroga sobre seu próprio desejo, isto é, aquilo que no nível do segundo tempo do espelho não pôde funcionar, já que a anoréxica não pôde constituir seu ideal do eu.

[13] Em colaboração com Micheline Glicenstein, Régine Mougin.

No tempo de latência, antes do desencadeamento mesmo da anorexia, ela está presa num romance da família que não é da mesma ordem que o romance familiar para o neurótico; é o que ela não pode manter quando o sintoma anoréxico se declara. Seu sintoma, ela o dá para ser lido e decifrado, não para ser visto no sentido da histeria, já que ela mesma não se vê.

Tratou-se, pois, da relação da anoréxica com sua imagem no espelho. Ela ora vê uma imagem filiforme, erigida, fálica ou não realmente fálica (o que foi um elemento da discussão), que representa a sombra de um ideal; ou então, o que vê é alg monstruoso nas gordurinhas de que deseja se livrar, algo do horror de um real não simbolizado.

Significante perdido para os pais, ela tenta arrancá-lo ao real e simbolizá-lo para que a cadeia se reconstitua (cadeia dos significantes como cadeia das gerações). Daí a importância da escrita ou de certas escolhas profissionais na "cura" da anorexia quando ela tenta reconstituir seu romance familiar.

VIII

FENÔMENO ESPECULAR E CONTRATRANSFERÊNCIA NA PROBLEMÁTICA DA TOXICOMANIA

Eduardo Vera Ocampo[14]

Gostaria de citar os eixos que serviram de suporte, de esboço, aos debates desta mesa-redonda, que é um pouco uma aposta e poderia ser definida em dois pontos: de um lado, que a problemática do toxicômano pode encontrar um lugar no campo da psicanálise e, do outro, que a

[14] Em colaboração com M. Lise Lacas, Jean M. Lévy, Alain Rigaud, A. Marie Van Hove.

toxicomania, a problemática do toxicômano, pode esclarecer também pontos metapsicológicos discutidos na teoria analítica.

O argumento ou os eixos desenvolvidos nesta mesa-redonda partiram de uma constatação, a saber, que o tratamento clínico do toxicômano numa instituição suscita numerosas dificuldades. E isto relacionado com este fato paradoxal: aquele que mostra estar preso a um laço de dependência para com um produto abriga, ao mesmo tempo, *sem sabê-lo*, uma verdadeira paixão de independência em relação a qualquer outro, enquanto possível parceiro de seu prazer.

A toxicomania é uma problemática que pareceria colocar todos os que têm a ver com ela, terapeutas incluídos, de um lado só. Por isso ela incomoda, incomoda o médico que só pode constatar a irredutibilidade desta a um simples caso de droga, mas incomoda também os psicanalistas ao se defrontarem com toxicômanos para quem toda relação transferencial com o analista vê-se inelutavelmente manchada por causa da relação passional destes com a droga. Por conseguinte, o encontro do toxicômano com um outro como terapeuta deixa este último, de imediato, numa posição desconfortável.

Quisemos submeter à discussão a questão da contratransferência na cura do toxicômano, dizendo-nos que o que com freqüência aparece como da ordem da evidência na prática clínica numa instituição é, talvez, a expressão justamente da contratransferência que, não situada, não analisada, seria sofrida ou agida pelos terapeutas. Por exemplo, o uso aparentemente banal do *tu*, que no entanto é de regra nas instituições para toxicômanos, não teria um parentesco com o que ocorre com o fenômeno especular, o *"estás vendo o que estou vendo"*, do toxicômano ou do jargão toxicomaníaco? Seria aí proveitoso nos interrogarmos sobre o que seria uma terapia possível para toxicômanos no interior de uma instituição, em vez de considerá-la de imediato como da ordem de uma evidência, na medida em que ela repousa sobre um certo número de dados colocados ou impostos como prévios.

Nesse sentido, a ordem jurídica, ao determinar um certo modo de funcionamento institucional – pensemos na assistência obrigatória e depois na *sanção terapêutica* –, não estaria facilitando o lugar e a função da transferência entre os terapeutas e os toxicômanos? Eis uma das questões abordadas na mesa-redonda.

Chamamos também não-especialistas da toxicomania. Terminarei com este exemplo trazido esta manhã. Trata-se de uma criança. O adulto estava encarregado de uma palestra sobre toxicomania. Após sua intervenção, interroga as crianças para ter certeza de que foi compreendido. A criança interrogada lhe diz:

—*O toxicômano seria como alguém que teria um dia encontrado um elefante vermelho.*

—*Um elefante vermelho?*

—*Sim, e estaria além disso fascinado por esse elefante vermelho, gostaria de revê-lo, reencontrá-lo a qualquer preço, mas o elefante que ele vai encontrar de novo não é vermelho, mas amarelo. Ele continua querendo encontrar novamente seu elefante vermelho, mas o outro será marrom, depois violeta. Nunca mais encontrará de novo aquele elefante vermelho que o fascinou e que aliás nunca existiu.*

Patrick Guyomard

Colette Audry está hoje entre nós, como não-especialista. A senhora gostaria de dizer algo sobre esta Jornada, sobre o que pôde ouvir?

Colette Audry

Não desejo dizer muita coisa, a não ser que continuo terrivelmente insatisfeita e que gostaria de ter passado oito dias a ouvi-los falar. Isso reativa precisamente toda uma parte do que me ocupou enquanto escrevia meu livro[15].

O que chamou minha atenção, entre os temas de nossa mesa-redonda desta manhã, foi o fato – de resto bem conhecido – constituído pela rejeição da família pelo adolescente e que vem junto então com a escolha de um guia outro que os pais, ou da busca de um grupo etário, ou dos dois ao mesmo tempo.

Vivi, de minha parte, as duas formas dessa mutação e meu livro disso traz a dupla marca. A primeira foi para mim dominante; foi uma

---

[15] *La Statue*, Gallimard, 1983.

experiência unificante e identificatória que alimentou o corpo de minha narrativa. A segunda foi apenas pontual e, direi, relativamente benigna. É nela, entretanto, que gostaria de fixar-me agora. Na história do aluno Törlerss[16], de que falamos nesta manhã, essa mutação parece ao contrário primordial. E no mundo em que vivemos em que vemos se afrontarem todos os valores, ela assume doravante um caráter histórico. É um fenômeno tão maciço que para mim compromete hoje o próprio futuro da humanidade.

A rejeição da família e de seus valores – ou, pelo menos, o distanciamento do adolescente em relação a esse meio intergerações – é provavelmente uma etapa necessária da constituição de um sujeito autônomo. A passagem pelo grupo etário oferece, então, um ponto de apoio de caráter a um só tempo biológico (a família sendo ela própria um meio biológico), crítico e cultural. Mas ao se desalienar da família, o jovem tende a se alienar no grupo e essa nova alienação pode ir muito longe. Pois o grupo etário é algo extremamente ambíguo e, sob certos aspectos, extremamente temeroso.

No pensionato ao qual é enviado o aluno Törless, este encontra um grupo de rapazes que são verdadeiros nazistas antes da hora (essa história autobiográfica remonta ao início do século). Por um momento, junta-se a eles, mas acaba por escapar-lhes. Por quê? O que o impede de se tornar um precursor dos S.S.? É esta questão que o livro coloca em profundidade. Como se trata de obra literária, não há nela resposta explícita. Isto é, a obra contém, é claro, sua própria resposta, mas sem jamais formulá-la claramente. Tal resposta, misturada à própria massa do relato, permanecerá sempre duvidosa, hipotética, obscura e perturbadora.

Podemos supor que a marca primeira impressa pela família no psiquismo do jovem Törless era um selo indelével, capaz nele, diferentemente de seus camaradas, de resistir, com o tempo, às agressões do novo meio. Podemos supor também, e com boa dose de certeza, que foi a vocação em germe de escritor que salvou o jovem Musil (protótipo de Törless). Ir até o fim do que lhe era proposto e mesmo imposto pelo poder do grupo correspondia a perpetrar a destruição das possibilidades criadoras que pressentia em si.

---

16 *Les Désarrois de l'élève Törless*, Robert Musil, Col. Points, Seuil, 1980.

O fato é que assistimos nesse livro ao desenrolar de uma experiência totalmente inconsciente no interior de uma instituição bem fechada. Ao passo que o fenômeno com o qual estamos nós confrontados, o do "bando" de jovens, amantes de música pop, fãs de motos, pré-delinqüentes, etc, é um fenômeno generalizado. Uma falha se abriu entre as gerações, com o risco de se encontrar definitivamente sem passarela para abordar os representantes de toda uma faixa etária, comparáveis a esses pequenos mutantes cujas atividades consternadoras a ficção científica vem descrevendo.

No entanto, quando conseguimos entrar em contato com esses estranhos, acabamos em geral percebendo que inconscientemente aspiram a descobrir valores, e valores rigorosos.

II

O CAMPO MÉDICO-PEDAGÓGICO

Considerações
sobre a psicopatologia da inteligência

Bernard Gibello

Patrick Guyomard

Esta terceira Jornada de estudos sobre a adolescência recebeu como título: *Adolescência nas fronteiras da psicanálise.*

De fato, o conceito de adolescência não é um conceito analítico e achamos que não era possível terminar nossos trabalhos sobre este assunto sem nos abrirmos a outros horizontes e a outros discursos.

A parte da manhã será dedicada a uma discussão das teses e pesquisas de Bernard Gibello e, à tarde, confrontaremos nossas próprias pesquisas com dois discursos de horizontes diferentes: os de um historiador e de um etnólogo. Passo a palavra a Patrick Delaroche, que vai nos apresentar Bernard Gibello e iniciar esta manhã de trabalhos.

Patrick Delaroche

Foi a partir de observações clínicas e paraclínicas com psicopatas, em 1976, que Bernard Gibello, psiquiatra e psicanalista, responsável por um laboratório no hospital Salpêtrière, elaborou o conceito nosográfico novo de *desarmonia cognitiva.* Desde então, ampliou sua reflexão até a patologia da inteligência em geral, em sua tese de doutorado, coroando suas atividades de ensino junto a Didier Anzieu.

Já em 1976, Gibello baseava-se na desarmonia entre os comportamentos de prestância, que bem conhecemos nos psicopatas e que conota um nível intelectual normal e, cito: *"distúrbios importantes da simbolização do tempo e da duração, do espaço e das representações mentais constituindo, em graus variáveis, uma mistura de sintomatologia desarmônica, apráxica e agnósica".* Esses distúrbios foram demonstrados através de um número elevado de desníveis na escala de pensamento lógico de Longeot, escala que avalia o tipo de raciocínio inerente aos estágios mostrados por Piaget.

Faremos nesta manhã uma incursão fora das fronteiras da psicanálise, no campo da avaliação experimental das capacidades intelectuais.

Trata-se, pois, de confrontar esses dados, que correspondem a uma realidade clínica inegável, com o que nos ensina a psicanálise. Convidamos os senhores para uma viagem organizada por países diferentes, cujas línguas não são as mesmas. Mas quem diz fronteira diz também alfândega, ou livre-câmbio e, a esse respeito, espero que possamos fixar a fronteira, não entre os saberes, aí seria epistemologia, não entre os distúrbios ditos instrumentais e a inibição neurótica – a fronteira pode aí ser abolida pelo fato de que em análise o sujeito pode retomar por conta própria imperfeições muito antigas –, não entre o inato e o adquirido – Piaget se situando, pela própria noção de construtivismo, junto aos psicanalistas geneticistas perante Chomsky –, não, penso que a fronteira deve situar-se em nossas atitudes e nas justificações que lhes damos em referência à teoria analítica. Penso, a esse respeito, que será útil discutir com Bernard Gibello as bases do pensamento a respeito das quais ele se apóia sobre os conceitos de Melanie Klein e de Bion, assim como o acréscimo dado por ele à teoria de Freud ao falar das representações de transformações ou de representações práxicas, *"efeitos da motricidade corporal"*, que ele situa no inconsciente ao lado das representações de coisas e que me parecem, em seu espírito, aliadas à *"preconcepção"* como objeto psíquico elementar em Bion.

Não é a fronteira entre nossas atitudes comandada afinal pelo desejo do sujeito, até, e sobretudo, quando este desejo está aparentemente ausente no autista, foracluído do simbólico no psicótico ou simplesmente projetado no neurótico?

Bernard Gibello

Hoje é o primeiro domingo do Advento. Na liturgia católica, é o início da preparação da festa de Natal, a festa cristã que substituiu a festa pagã da luz e as orgias que a acompanhavam.

Esta coincidência de datas me permite lembrar-lhes o quanto, na tradição religiosa católica, implicitamente, a inteligência e suas manifestações têm cheiro de enxofre. Lembrarei apenas dois nomes: o de Lúcifer, o Portador da luz, justamente, e o do Maligno, que é empregado para designar o poder satânico. Dispensar-me-ei de recitar os nomes de todos os homens de outrora que, por terem descoberto uma verdade científica, foram condenados a ser queimados vivos.

Por outro lado, fico feliz em poder dizer a Maud Mannoni, a Patrick Guyomard, a Patrick Delaroche e a todos os membros do Centro de Formação e de Pesquisas Psicanalíticas, do prazer que sinto em participar hoje de seus trabalhos, da crítica que deles espero e da esperança de que não me enviarão à fogueira.

Pensando em como lhes falar de meus trabalhos sobre a psicopatologia da inteligência, dei-me conta da necessidade em que estava de lhes apresentar um cruzamento de reflexões e observações diversas.

Uma das vias que leva a esse cruzamento é a das novas descobertas em semiologia clínica da inteligência, uma segunda é o balizamento psicopatológico desses distúrbios em termos freudianos, piagetianos, kleinianos e bionianos, e uma terceira é a da observação direta do desenvolvimento das competências dos lactentes.

Esse programa é, manifestamente, muito ambicioso para o tempo que nos está reservado hoje e, ao menos de uma parte, só poderei lhes apresentar esboços.

Novas descobertas em semiologia clínica da inteligência

Começarei, portanto, pelas novas descobertas em semiologia clínica da inteligência, tendo em vista o que era clássico e o que assim se torna.

O que era clássico considerar dos distúrbios da inteligência, os senhores o sabem, é claro: eram as demências, as debilidades mentais, as inibições intelectuais e, de modo discutido e discutível, os superdons intelectuais. Mas, de algumas dezenas de anos para cá, a descrição clássica tende a se modificar sob a influência de numerosos trabalhos, entre os quais todos têm em mente os nomes de Maud Mannoni, Roger Mises, Bruno Castets, H. J. Eysenck, Melanie Klein, H. Segal, D. Winnicott e muitos outros ainda.

No que nos diz respeito, ou antes, no que me diz respeito, minha contribuição nesse campo começou há uns dez anos, pela demonstração da síndrome de desarmonia cognitiva patológica e completou-se há um ano e meio pela descoberta de uma segunda síndrome, a do atraso de organização do raciocínio.

Quanto à desarmonia cognitiva patológica, gostaria de lhes falar dela de modo concreto e direto, na medida em que observei que, com muita freqüência, fazíamos uma idéia extremamente falsa da realidade desse distúrbio.

Tive a atenção atraída – deve ter sido mais ou menos em 1967 ou em 1968 – por um rapaz de quatorze anos que estava num centro de educação sob controle. Esse rapaz queria, por razões diversas, fazer cursos de desenho técnico. Tínhamos organizado para ele esses cursos e tudo parecia ir muito bem, já que foi ele quem o pediu e que um professor competente estava disposto a lhe dar as aulas necessárias nesse campo.

Pois não funcionou nem um pouco como estava previsto, já que, a cada vez que o rapaz encontrava o professor de educação técnica e que este lhe propunha fazer um trabalho de traçado, a coisa não andava. Não andava de um modo bem particular: por exemplo, quando pediam ao rapaz para reproduzir o desenho de um quadrado com uma régua e um lápis, ele reproduzia um desenho que era, na melhor das hipóteses, um polígono vagamente fechado sobre si mesmo e cujos lados não eram nem perpendiculares nem iguais.

O educador lhe dizia: "Você se enganou!". E André lhe respondia: "Não". O educador ficava contrariado e lhe dizia: "Você está vendo que sim!". O outro respondia: "Não, não estou vendo nada disso.". O final era sempre o mesmo: palavras cada vez mais amargas e menos suaves, até discutirem abertamente. Tentamos entender esse conflito de diferentes formas e, num primeiro momento, fracassamos completamente na interpretação pertinente à situação.

Algum tempo depois, o educador veio nos dizer: "Mas há algo de muito singular no caso do André; ele é teimoso e obstinado feito um burro ao não admitir que se enganou; em certos casos, porém, admite instantaneamente e não é nem mesmo necessário lhe dizer. Foi o caso em que, após errar, fabricou um esboço de polígono, mas um polígono cujo perímetro ficou aberto".

Nesse caso, ele disse imediatamente: "Aí não há dúvida, enganei-me, está claro, tenho que melhorar, tenho que recomeçar".

A partir desse material, refleti um pouco e lembrei-me de que Piaget dizia que, antes da idade de cinco-seis anos, a criança constrói o espaço e o imagina de modo inteiramente diferente daquele que é o nosso ao atingirmos a idade adulta.

A criança, com efeito, imagina o espaço em termos próximos dos da geometria topológica – como dizem os matemáticos –, isto é, para ela, e para as crianças de menos de sete anos, as medidas não são caracteres essenciais para o reconhecimento da identidade das formas: as relações de identidade não se fazem absolutamente sobre as dimensões ou os valores de ângulo; elas se baseiam nas relações de continuidade ou descontinuidade das linhas. Num tal espaço, duas figuras fechadas convexas, pouco importa a forma, são figuras idênticas, ao passo que duas figuras abertas, dois perímetros abertos, pouco importa a forma, são duas figuras diferentes. Nessa perspectiva, o rapaz era coerente com uma certa representação do espaço ao dizer que a figura fechada convexa que havia desenhado era idêntica e que a outra, na segunda vez, era diferente.

Da mesma forma, o educador, por sua vez, estava totalmente de acordo com os termos da geometria euclidiana na qual todos pensamos o espaço. Na geometria euclidiana, com efeito, a identidade das figuras baseia-se na identidade dos lados e na identidade dos ângulos, com a diferença mínima de um fator de simetria. Ele estava portanto cheio de razão ao dizer que as duas figuras não eram idênticas.

Mas os dois – o rapaz e o educador – trabalhavam, refletiam, pensavam em "continentes de pensamento" ou, se preferirem, em sistemas de pensamento ou em universos distintos de pensamento, com duas axiomáticas diferentes, que levavam, cada uma delas, a uma concepção diferente da outra quanto à identidade. Não podiam se entender, ainda mais que o educador nunca suspeitava de que o garoto não dispunha do referencial euclidiano. Aliás, não mais que cada um de nós em geral, o educador não se dava conta de que pensava em termos euclidianos e que outras formas de pensamento eram possíveis. O caráter inconsciente das estruturas de pensamento de um e de outro não os impedia, evidentemente, de chegarem a conclusões contraditórias.

Assim, pois, André apresentava uma organização do que poderíamos chamar de os "continentes de pensamento" muito diferente da dos rapazes de sua idade: aos quatorze anos, ele deveria ter uma forma de pensamento euclidiana para pensar o espaço em sua cabeça.

Fui levado, naquele momento, a fazer um estudo sistemático num universo de 126 casos, 126 adolescentes marginais. Esse estudo[1] mostrou que essas crianças não dispunham das mesmas modalidades de raciocínio que as crianças comuns. Precisamente, observávamos nelas uma não-homogeneidade dos processos de raciocínio empregados numa dada idade para pensar conteúdos e campos diferentes de pensamento. André, por exemplo, era capaz de pensar o número ou os números como os senhores e eu, mas era totalmente incapaz de pensar o espaço como nós. Reciprocamente, alguns outros rapazes podiam pensar os números convenientemente e eram incompetentes em outros campos do pensamento.

Existe assim uma espécie de déficit, de anomalia do desenvolvimento das estruturas de lógica que se manifestam em certos campos e em outros não. Essa não-homogeneidade dos procedimentos de raciocínio – passo-lhes a descrição estatística das coisas – mostra, em todo caso, que há uma diferença bem significativa no sentido de uma não-homogeneidade nessas crianças marginais em comparação a um universo de crianças comuns.

Os distúrbios do raciocínio que constituem as desarmonias cognitivas patológicas são, é natural, completamente inconscientes. Isto é, essas crianças não se dão conta desses erros de raciocínio e vivem em geral as conseqüências de seus erros como perseguições incompreensíveis. Por outro lado, a aquisição das estruturas lógicas faltantes não deriva de uma

---

[1] "Pathological cognitive dysharmony and reasoning homogeneity index", *Journal of Adolescence,* Academic Press, Londres, 1983, 6, 109-130.

"Dysharmonie cognitive, intelligence et psychopathie – Étude différentielle sur une population de 126 cas". *Bulletin de Psychologie,* 1983, XXXVI, nº 359.

ortopedagogia, isto supondo que professores conhecessem a gênese normal das estruturas lógicas elementares e tentassem fazer com que essas crianças as adquirissem. De mais a mais, essas crianças em geral nada pedem em relação a seus distúrbios do pensamento, na medida em que desconhecem a existência deles.

Enfim, de acordo com minhas observações, esses distúrbios do raciocínio são sempre acompanhados de distúrbios de simbolização[2] – prefiro, pessoalmente, dizer distúrbios de "semiotização" – atingindo com maior ou menor gravidade as representações e o sistema de representação do espaço, do tempo, da fala, dos gestos, da representação de si mesmo, etc, traduzidos por uma sintomatologia practognósica variada e por distúrbios narcísicos diversos.

Primeiramente, comprovei essa desarmonia cognitiva patológica, em 1974, em crianças psicopatas, isto é, nas quais a manifestação imediata dos conflitos era o modo prevalecente de defesa. Desde então, tive a oportunidade de constatar que as desarmonias cognitivas patológicas eram igualmente encontradas nas crianças psicóticas, quer se tratasse de forma esquizofrênica precoce da adolescência, de autismo infantil, de desarmonia evolutiva; que eram igualmente encontradas desarmonias cognitivas patológicas em crianças essencialmente depressivas e, enfim, em adolescentes ou adultos que tivessem sofrido traumatismos cranianos.

Em decorrência dessas observações, fui levado a utilizar e a desenvolver a clínica piagetiana, paralelamente à clínica clássica, no laboratório que criei no hospital Salpêtrière para o estudo dos distúrbios da inteligência e a tentar refletir de um ponto de vista psicanalítico sobre o que poderia estar na origem desse tipo de distúrbios.

Paralelamente ao que acabo de lhes contar sobre minha pesquisas pessoais que são, creio, as primeiras, nesse tipo de caso, foram feitas pesquisas em Nova York pelo saudoso Gilbert Voyat, em 1980, que, com uma metodologia um pouco diferente da minha, igualmente demonstrou o que chama de *"cognitive heterogeneity"* em crianças autistas de um hospital-dia do Harlem. Na Suíça, atualmente, uma equipe formada

---

[2] B. Gibello e M.-L. Gibello-Verdier: "Troubles instrumentaux et échec scolaire", *Confrontations Psychiatriques*, Paris, 1983, 23.

por Y. Burnand, A. M. Zutter, J.-J. Burgermeister e R. Tissot[3] e alguns outros pesquisadores, vem dando prosseguimento a outros trabalhos que mostram igualmente anomalias de tipo da desarmonia cognitiva patológica em sujeitos esquizofrênicos adultos.

Em suma, embora seja possível discutir um ou outro ponto de detalhe metodológico, não é mais possível hoje colocar seriamente em dúvida a existência da síndrome de desarmonia cognitiva patológica, cuja incidência parece considerável no campo dos sujeitos portadores de distúrbios mentais e de distúrbios intelectuais e cujos efeitos no fracasso escolar e na marginalização são geralmente maciços.

Junto com as desarmonias cognitivas patológicas, fui levado a descrever uma segunda síndrome de patologia intelectual que proponho chamar de "atraso de organização do raciocínio", comodamente abreviada sob a forma AOR.

Trata-se de sujeitos que, de maneira surpreendente, apresentam um raciocínio de estrutura e de nível arcaicos em comparação a sua idade cronológica e a seu nível intelectual. Normalmente, como sabem, em particular após os trabalhos de Piaget e seus alunos, os processos cognitivos e intelectuais se constroem progressivamente. O pensamento no bebê se manifesta primeiramente pela ação no período sensório-motor, até a idade de dois anos aproximadamente; começa a ser mentalizado no estágio pré-operatório. O estágio das operações concretas sucede ao pré-operatório por volta dos sete anos, e o estágio operatório parece acabado por volta dos quatorze ou quinze anos.

Habitualmente, observamos uma concordância entre a idade de acesso aos diferentes estágios e o nível intelectual do sujeito apreciado, tanto clinicamente quanto por meio de provas psicométricas apropriadas, tais como os testes de Wechsler, do WISC, etc. E foi com grande surpresa que encontrei recentemente dezenas de casos em que essa concordância estava ausente. Trata-se de crianças cuja idade está compreendida entre seis e quinze anos, tendo um nível intelectual clinicamente de nível normal comum e um quociente intelectual compreendido nos limites do normal, isto é, algo entre 80 e 120. Essas crianças vêm sendo ultrapassadas

---

[3] Y. Burnand, A. M. Zutter, J.-J. Burgermeister e R. Tissot: "Quelques aspects des activités cognitives du schizophrène", *Encéphale*, 1981, 7, 153-180.

há muito tempo por crianças da mesma idade e de mesmo nível intelectual no plano escolar e no plano da socialização.

A primeira criança que vi nessa situação foi Cécile, então com quatorze anos e dez meses, enviada para consulta por causa de um atraso escolar bem considerável já que mal sabe ler, não pode contar e não consegue entender as estruturas da maioria das coisas da vida corrente. Durante a entrevista, não notamos todavia sinal clínico de debilidade mental e ela obtém no WISC os seguintes resultados:

QIV : 92 QIP : 94 QIT : 92

Por outro lado, a organização dos processos de raciocínio, explorada pelas provas piagetianas qualitativas, mostra que ela mal começa a abordar o início do estágio operatório concreto (estágio concreto A), ao passo que seria de esperar, em razão de seu QI, que dominasse pelo menos o estágio intermediário.

Tomei nota de dezenas de observações análogas. Vemos que, nesses casos, não se trata de um distúrbio discreto, que seria preciso ir pegar com uma pinça de arrancar pêlos para encontrar de novo os traços da marca do distúrbio; ao contrário, esses distúrbios são extremamente grosseiros, maciços, enormes. Fazem com que essa mocinha, de aspecto comum, organize seu raciocínio como se fosse uma criança uns dez anos mais jovem.

Por razões metodológicas que não quero aqui desenvolver, não é fácil evidenciar os atrasos de organização do raciocínio quando são mais discretos, uma vez que não dispomos de uma escala para medir esse distúrbio de modo muito apurado. Não deixa por isso de ser bem provável que os atrasos de organização do raciocínio mais sutis ou mais discretos existam em muitas outras crianças e que não sejam com mais freqüência evidenciados em razão das limitações dos meios de rastreamento.

Em que circunstâncias ocorrem as descobertas desses atrasos de organização do raciocínio?

São inteiramente variáveis e atualmente tudo leva a crer que, da mesma forma que a desarmonia cognitiva patológica, os atrasos de organização do raciocínio são uma espécie de via final comum de todo um conjunto de circunstâncias diversas que podem ser muito diferentes umas das outras e que levam, em todo caso, a dificuldades muito importantes na organização do pensamento.

Com efeito, trata-se de crianças cujo fracasso escolar surpreende os mais próximos, na medida em que a criança dá habitualmente sinais considerados como sinais de inteligência; são aquelas crianças de quem se costuma dizer: "Mas ele não é burro!". No entanto, o exame dos continentes de pensamento, quanto ao espaço, ao tempo, ao número, o exame da linguagem, assim como o da lógica, evidenciam as formas arcaicas desses continentes de pensamento ao serem comparados com a idade e o nível intelectual.

O exame do pensamento da criança, pelas provas piagetianas, permite confirmar e precisar esses dados. Em outros lugares e talvez com muito mais freqüência, o atraso de organização do raciocínio é uma descoberta fortuita ocorrida num exame geral efetuado por ocasião de distúrbios psicopatológicos diversos que podem ser extremamente variados.

Nesse último caso, o fracasso escolar é quase sempre clinicamente desprezado e passa assim despercebido em razão da importância dos distúrbios da relação com o mundo e dos distúrbios da personalidade. Por isso encontramos AOR em situações de carência cultural: são talvez as primeiras situações em que o encontramos entre filhos de imigrantes. Retrospectivamente, não creio que seja a circunstância mais freqüente.

Pareceu-me que os problemas ocorriam essencialmente quando os próprios pais conheciam mediocremente a própria cultura e que a ela não se referiam muito, de tal modo que eram incapazes de familiarizar os filhos com essa cultura e de compartilhá-la com eles. Sendo imigrantes num lugar de cultura diferente da sua, os pais têm por conseguinte pouca familiaridade com essa nova cultura e são incapazes de nela introduzir os filhos. Como o cuidado com a formação espiritual não é o primeiro cuidado da escola atual, as crianças ficam divididas entre a cultura tradicional da família e a cultura tradicional do país que as acolhe, sem poderem se inscrever numa ou noutra.

Entretanto, essas circunstâncias de desaculturação não bastam, com toda certeza, para explicar o determinismo dos AOR, na medida em que nem todas as crianças nessa situação apresentam esses atrasos. Aí ainda, outras pesquisas devem ser feitas. Em todo caso, a desaculturação parece ser um fator muito importante.

Por outro lado, a existência de um segredo familiar importante, quase sempre relativo à filiação da criança, ou então acontecimentos graves que teriam perturbado os pais antes de seu nascimento, parecem intervir em outros casos. O ou os segredos familiares são, em geral, confrontos com a angústia de morte ou de despedaçamento particularmente repetidos, violentos e graves.

Adam, por exemplo, havia nascido no dia do falecimento de sua avó materna, morta de um câncer revelado durante a gravidez, portanto enquanto a mãe o esperava; e a mãe de Adam, dez anos mais tarde, ainda não havia efetuado o luto daquela mãe falecida naquele momento.

Os senhores me dirão: "isto bastaria para perturbar uma criança". Mas estava longe de ser tudo. Com efeito, além disso, a mãe de Adam não pudera ter filhos num casamento anterior, cada gravidez na época tendo terminado, para seu desespero, por um aborto espontâneo; e seu primeiro marido havia se suicidado. Ademais, o pai de Adam fora ele próprio operado, aos oito anos de idade, por Clovis Vincent, de um tumor cerebral do qual guarda até hoje seqüelas hemiplégicas importantes. Ele temia muito que na idade de sete ou oito anos o próprio filho tivesse por sua vez um tumor cerebral e disse-me um dia: "Não vivi enquanto ele não passou dos oito anos de idade".

Esses acontecimentos dramáticos múltiplos eram, além do mais, ocultados pelos pais, que deles quase não falavam, nem entre si nem, com maior razão, com o filho que os ignorava por completo, ao menos oficialmente. É importante notar que os pais haviam aliás hesitado muito em ter um filho e haviam decidido que Adam seria filho único.

Para Adam, a evocação do passado seu passado pessoal, suas origens, nascimento, a vida e as penas dos pais outrora, seria proibida na medida em que essa evocação ativaria a angústia depressiva e a angústia de castração dos pais.

Parece-me aqui que estamos diante de uma problemática de denegação e que o AOR permite que Adam evite a reconstrução delirante habitual, ao preço de uma extrema limitação de seus meios de compreensão e conhecimento. Pergunto-me, a esse respeito, se os AOR que ocorrem com crianças desaculturadas não têm um determinismo análogo, isto é, não ter continente para pensar que poria em curto-circuito a interpelação dos pais quanto ao abandono de suas tradições.

Ainda encontrei AOR em crianças presas numa psicose, em particular simbiótica, e parece-me verossímil que o mesmo ocorra nas psicoses autistas, assim como em certas formas de desarmonias evolutivas psicóticas nas quais predominam as angústias e as defesas mais arcaicas.

Enfim, os atrasos de organização do raciocínio parecem igualmente muito freqüentes em circunstâncias em que, ao contrário das precedentes, são as lesões orgânicas que estão em primeiro plano. Foi assim que encontrei AOR em crianças com enfermidades cerebrais motoras, em crianças com traumatismos cranianos ou após intervenção neurocirúrgica, ou ainda após radioterapia para tumores malignos do cérebro.

Enfim, os atrasos de organização do raciocínio parecem ser banais entre crianças portadoras de graves carências proteíno-calóricas, tais como o kwashiorkor, que matam algumas centenas de milhares de crianças do Terceiro Mundo a cada ano.

Parece-me ainda inteiramente prematuro ir mais longe na interpretação dos atrasos de organização do raciocínio, já que ainda conhecemos mal os momentos de ocorrência, sua evolução, as possibilidades de tratamento e de cura.

A impressão clínica e intuitiva atual que tenho deles é de que se trata de distúrbios graves, muito resistentes às tentativas terapêuticas, e certas semelhanças dos atrasos de organização do raciocínio com os processos de deterioração intelectual senil fazem-me admitir a hipótese de que constituem, talvez, na criança, uma forma atenuada das demências do sujeito idoso. Ainda aí, numerosos trabalhos estão por ser executados para que se confirme ou se negue essa hipótese, em particular na perspectiva das demências do sujeito idoso, como justamente mecanismos defensivos e a expressão, em particular, de um certo número de síndromes depressivas.

Tendo chegado a este ponto de minha exposição, encontro-me numa situação algo embaraçosa. Com efeito, apresentei-lhes duas síndromes novas, muito difundidas com certeza, mas também muito pouco conhecidas e freqüentemente mal reconhecidas. Para muitos dentre os senhores, minha abordagem e a desarmonia cognitiva patológica, bem como os atrasos de organização do raciocínio, são provavelmente três monstros dos quais é melhor ficar longe.

Entretanto, gostaria de lhes mostrar, caso me concedam ainda um instante de boa vontade, que esses monstros constituem uma abertura apaixonante quanto ao funcionamento do aparelho psíquico e que o estudo deles permite verificar algumas hipóteses estranhas enunciadas por Hanna Segal, Wilfrid Bion e Donald Meltzer.

Uma primeira questão teórica cujas linhas gostaria aqui de traçar é a do lugar dessas síndromes em relação à inibição intelectual.

O exame dos neuróticos intelectuais inibidos não mostra a existência de desarmonia cognitiva ou de atrasos de organização do raciocínio. Este é um elemento de semiologia clínica que me parece inteiramente essencial. Nunca nos aconteceu comprovar anomalias dos continentes de pensamento ou da estruturação dos continentes de pensamento, sejam desarmonias cognitivas patológicas ou atrasos de organização do raciocínio, em crianças para as quais a problemática era uma problemática neurótica de qualquer tipo que fosse.

Essas crianças, com efeito, dispõem das estruturas lógicas correspondentes à sua idade, mas não as usam ou as usam pouco, embora essas estruturas não sejam normalmente adquiridas nos AOR ou sejam adquiridas de modo deformado nos desarmônicos cognitivos.

Nos casos de atraso de organização do raciocínio, observamos, com efeito, o que poderíamos chamar metaforicamente de uma agenesia do continente do pensamento e, entre os desarmônicos cognitivos, trata-se de um desenvolvimento alterado desses mesmos conteúdos de pensamento. Entre os neuróticos, a inibição intelectual procede geralmente de um superinvestimento sexual da inteligência e de culpa neurótica nesse prazer, numa perspectiva edipiana.

Nas desarmonias cognitivas e nos AOR, a erotização da inteligência parece de fato ser mínima, se é que o é, e essas crianças não parecem muito ter aprendido a tirar prazer de atividades intelectuais.

Agora, podemos situar um outro eixo de discussão e de reflexão que é a questão de saber o que acontece numa perspectiva de distúrbios do aprendizado. Podemos, com efeito, considerar que as desarmonias cognitivas e os AOR são manifestações de distúrbios do aprendizado, entendendo dessa maneira o aprendizado da mentalização, o aprendizado dos processos de pensamento em geral e dos processos de raciocínio em particular.

Não tenho tempo para desenvolver aqui esta questão em detalhes e vou me limitar a indicar alguns de seus elementos. Primeiramente, a noção de balizamento de início é a noção freudiana clássica de processo primário e de processo secundário de funcionamento do aparelho psíquico. O surgimento do processo secundário marca para Freud a substituição do princípio de prazer e da megalomania pelo princípio de realidade.

Melanie Klein acrescentou a esta descrição a da clivagem do objeto arcaico e do investimento pela pulsão de morte do que ela chama de o mau seio, com a crise ligada à descoberta do objeto total e permanente, assim como os primeiros encontros com a angústia depressiva.

Essa primeira crise depressiva, para Melanie Klein, constitui o primeiro momento em que parecem surgir possibilidades de representação do passado e de mentalização. Ela está, quase com certeza, na origem de todos os distúrbios da semiotização. Com efeito, os conceitos de Melanie Klein permitem compreender, ao menos parcialmente, o quanto a manutenção das angústias ligadas à posição esquizoparanóide pode perturbar gravemente a elaboração do processo secundário e a elaboração, de modo geral, de toda a organização do pensamento.

A contribuição de Wilfrid Bion é essencial em sua concepção da identificação projetiva patológica enquanto perturbador fundamental dos processos de semiotização. Suas idéias relativas ao ataque das ligações e as relativas ao desenvolvimento patológico do aparelho de pensar os pensamentos na psicose trazem igualmente um meio de compreensão quase sempre dos mais pertinentes.

A propósito das concepções de Bion sobre o aparelho de pensar os pensamentos, lembro-lhes esquematicamente sua idéia sobre a questão. Ele nos diz que para pensar e para mentalizar é preciso que o Eu [*moi*] seja capaz de suportar um pouco as frustrações, que alguns são disso incapazes e que, nesse caso, qualquer mentalização é uma perseguição. Esse sentimento de perseguição acarreta o desenvolvimento, no lugar do que Bion chama de um aparelho de pensar os pensamentos, de um aparelho de expulsar para fora do aparelho psíquico os esboços de pensamentos que tenderiam a se formar.

Esse aparelho de projetar para o exterior os esboços de pensamento é um aparelho de delirar, obviamente, e Bion acrescenta que há, com certeza também, um intermediário entre esse aparelho de delirar e esse aparelho de pensar, um intermediário que está ligado à persistência na crença megalomaníaca no todo-poder e na onisciência, na qual o sujeito pode parcialmente pensar e utilizar um certo número de informações provenientes dele e do exterior, mas numa perspectiva de onipotência e de onisciência.

É muito precisamente a posição que é a habitual dos sujeitos psicopatas, para os quais o esboço de mentalização no todo-poder e a passagem ao ato são o funcionamento habitual. Assim, é possível esboçar os elementos psicanalíticos de uma teoria das aprendizagens cognitivas e de seus distúrbios. Mas é preciso também insistir na recente contribuição de diversos observadores diretos do bebê, que questionam com severidade as idéias habitualmente recebidas. E desde o primeiro psicanalista observador direto do bebê, que foi Spitz, muitos dados novos têm chegado. E tomarei destes dados, essencialmente, as noções trazidas por pessoas como Bower, Papousek e Brazelton.

Cada um dos três, de modo diferente e de maneira bem diversa, mostrou, com efeito, que desde o nascimento, desde as primeiras horas para certas observações, o bebê – ó escândalo! – tem prazer em compreender o porquê e o como das coisas e das relações. Estas novas noções nos levarão com toda certeza a reconsiderar radicalmente a gênese da inteligência e o destino da pulsão epistemofílica, na minha opinião, segundo as indicações dadas por Freud em 1937 numa carta a Marie Bonaparte, que não resisto ao prazer de lhes citar ao encerrar. Era uma carta de 27 de maio de 1937, na qual ele dizia a Maria Bonaparte:

> *"Podemos, para terminar, considerar a curiosidade, a pulsão de exploração, como uma sublimação completa do instinto agressivo ou destruidor. No conjunto da vida intelectual, o instinto adquire grande importância como motor de toda discriminação, de toda recusa e de toda condenação. Dirigir a pulsão agressiva contra si é naturalmente a contrapartida da libido dirigida para o exterior quando ela passa do eu* [moi] *aos objetos. Poderíamos, muito esquematicamente, imaginar que, no início da vida, toda a libido estaria dirigida para o interior e toda a agressão para o exterior e que isso mudaria gradualmente ao longo da vida. Mas talvez seja falso.*
>
> *Perdoe-me por essa aula.*
>
> *Cordialmente seu,*
>
> S. Freud"

Obrigado a todos pela atenção.

Discussão

Maud Mannoni

Agradeço a Bernard Gibello por ter vindo apresentar certos aspectos de sua pesquisa nesta Jornada de estudos.

Há dezesseis anos, neste mesmo lugar, Winnicott aceitou falar da esquizofrenia infantil e aludiu a Kanner, isto é, à comprovação por Kanner, em 1943, de uma entidade nosológica chamada por ele de autismo infantil. Bleuler já havia utilizado o termo autismo, mas foi Kanner quem estabeleceu os critérios que o diferenciavam da esquizofrenia.

Winnicott explicou que nem tudo o que Kanner havia intitulado casos "autísticos" estava certo. Sua descoberta, diz, fez com que os pediatras, a partir daí, pudessem situar de modo mais cômodo aquelas crianças num grupo de fronteiras artificialmente nítidas. Desde então, o pediatra não mais acompanhou as mães em desamparo. Não era mais necessário lhes falar a partir do momento em que se podia lhes dizer que o filho "tinha" uma doença bem precisa. A descoberta de Kanner serviu à administração, que a utilizou com fins segregacionistas. Essa descoberta não trouxe grande coisa para o paciente quanto a uma possibilidade de cura. Aos 5% de bons resultados obtidos pelas terapias em cura ambulatória, Bettelheim opôs mais tarde seus 42% de bons resultados. Kanner acabou por esquecer a interação dos fatores individuais e do meio, tal como operam desde o nascimento. Isso fez com que a criança autista se tornasse aquela de quem falamos, mas a quem não nos dirigimos mais. O rastreamento afigurou-se patogênico, porque utilizado numa perspectiva essencialmente segregativa.

Pergunto-me se as descobertas sobre a desarmonia cognitiva não correm o risco de ter os mesmos efeitos perversos na utilização que dela poderia ser feita pela administração.

Mâle e Favreau, no tempo deles, distinguiram o fracasso escolar relativo à simples readaptação pedagógica, do fracasso, sintoma neurótico relativo a uma análise. Mas são os fracassos das orientações pedagógicas que nos ensinam depois o que, do lado do médico (pais e professores), permaneceu num radical não-ouvir. Não-ouvir o que a criança tentava dizer para além da enfermidade, motivo da consulta.

Merece discussão considerar que insuficiências do lado do conhecimento (da inteligência) provocam fracassos que são a causa de sentimentos de perseguição e oposição. Um analista estaria bem disposto a supor que isso pode muito bem ser o inverso. Pensaria que o autor está influenciado pelo fato de que a questão que pode ser *medida* por um teste é imaginada, por essa razão, como mais objetiva e real do que aquela que é constatada fora do que é "mensurável".

Uma criança rotulada desarmônica em tal tipo de estruturas escolares é suscetível num outro tipo de acolhimento de evoluir de modo radicalmente diferente. Uma adolescente sem jeito para a matemática conseguiu terminar o 1º grau porque estava apaixonada pelo professor de matemática. Uma outra, após oito anos de reeducação de inspiração piagetiana, começou de modo diferente e, isso, a partir do dia em que um não-especialista começou a cuidar dela. Essa jovem não tinha até aquele momento obtido o conceito 3+2=5. Terminou então o primário em poucos meses. A escolaridade tornou-se, além disso, uma paixão pela puericultura (e estágios no campo). O escolar reorganizou-se a partir daí de modo diferente. A adolescente pôs-se a habitar seu corpo a partir do dia em que se sentiu reconhecida pelo outro.

A revolta dos chamados deficientes físicos (revolta que chamamos de perseguição) é quase sempre uma revolta contra a situação que lhes criam. A escolaridade tal como a concebemos os aborrece. Penso naquele estudante de quatorze anos que possuía apenas um nível de 2ª série, apesar de múltiplas reeducações. Ele só se abriu para os "problemas" a partir do direito que lhe foi dado de criticar o saber tal como o concebemos. Foi de sua prática (deixaram que fosse trabalhar num restaurante) que ele fez surgir as questões necessárias para sua formação. Veio um dia, fora de si, exigir que lhe ensinássemos a calcular os 12%*, pois não queria ser "enrolado". Por que, disse-nos em seguida, é preciso tantos anos para aprender de modo complicado o que é tão simples? Onde está a mistificação? Para fazer esse tipo de perguntas, é claro, só os "deficientes"...

Todo adolescente normal (com mais forte razão, aquele que chamamos de desarmônico, débil ou psicótico) necessita, num momento, denunciar a mãe, o pai e os adultos encarregados de sua educação. Para se livrar deles, precisa se opor estando seguro de que, ao perdê-los, não vai *se* perder, mas nascer para um projeto que será o seu. É esta oposição que estamos tentando, em Bonneuil, transformar em ato de criação. Toda criança, já aos oito ou nove anos, tem a possibilidade de estar misturada ao mundo dos adultos, passando um ou dois dias por semana com um artesão. Esse corte com uma segregação de idade não deixa de ter efeito sobre o modo como ela se situa em relação ao escolar. A deficiência não aparece mais como um inelutável condenando o sujeito a um devir de mediocridade. Livrar uma criança de um estatuto de doente, para devolvê-la ao que existe, em cada um de nós, como "gênio próprio", para retomar uma expressão de Françoise Dolto, põe a educação próxima das performances dos saltimbancos: é com os corpos torcidos que se montam os melhores espetáculos. Foi o que compreendeu Freud ao nos aconselhar a aprofundar os processos psíquicos, à maneira como os poetas estão habituados a nos oferecer histórias de doentes. A verdade da análise sendo considerada por ele em sua dimensão histórica, isto é, "no que acontece" com o desenrolar de um relato. O discurso analítico não pode evitar uma certa dramaturgia. E o analista não deve esquecer que em toda descoberta há uma verdade pessoal, que o analista, às vezes sem se dar conta, tende a verificar em seus pacientes. A teoria, como lembrava André Green, é necessária como ficção pensante. Ao fugirmos da ficção, nos afastamos da análise. Minha preocupação é que se relativize o que é apresentado como propostas científicas, para que não percamos de vista os verdadeiros problemas.

Não podemos esquecer o contexto histórico em que surgiu no século XIX um saber teórico sobre a infância. Seu principal efeito foi fazer com que a sociedade pusesse o período da infância num sistema

---

* Porcentagem da gorjeta, na França, durante vários anos. (NT)

fechado e regulamentado, distinto do mundo do adulto. As idéias de regressão patológica e de situação conflitual puderam então surgir, sem que por isso fosse colocado em questão o caráter das instituições responsáveis por um tipo de neurose ligada a uma forma de civilização.

Se o século XVIII é de certa forma o século da dissecação, o século XIX o da ortopedia (física e mental), o século XX é o da programação da "saúde mental" que o poder administrativo gere (*via* rastreamentos e medidas corretivas diversas).

Teorias filosóficas, pedagógicas e médicas se elaboram a partir daí, teorias que suscitam, elas mesmas, múltiplas técnicas de reeducação. Estamos às voltas com uma prática (feita de bom senso popular e de tradições) e uma teoria de objetivo científico, sempre mais ou menos impregnada da ideologia da época. Existe aí, trabalhando, como que um duplo saber que, embora tenha tido um destino oposto em Itard e em Freud, merece no entanto que atentemos um pouco para ele – e que nos interroguemos.

As pesquisas de Bernard Gibello são úteis porque nos lembram os limites do problema, que é de responsabilidade da organização social e com o qual os analistas, sobretudo os analistas de crianças, vêm se deparando diariamente. Mas não devemos nos deixar abalar por medidas administrativas que seriam como que a aplicação de pesquisas apuradas e cheias de nuanças como as de Gibello. Cabe a nós, analistas, lembrar um outro ponto de vista.

Bernard Gibello

Não sei se posso responder, pois não é exatamente uma discussão sobre minhas teses que se abre aqui. Maud Mannoni sublinha os malefícios da rotulagem. Não posso deixar de estar de acordo com a noção dos malefícios da rotulagem, é indiscutível, mas, pessoalmente, penso que há outra coisa além desses malefícios, há também os malefícios do desconhecimento e não podemos tampouco estar em desacordo com essa noção.

Precisamos de palavras para pensar, precisamos de elementos para elaborar nossa reflexão e, se não dispusermos dessas palavras, se não pudermos situar do que falamos, teremos todas as dificuldades do mundo para evoluir e compreender alguma coisa. Não creio que os conhecimentos de que dispomos hoje sobre o funcionamento psíquico precoce pudessem ter sido obtidos sem os trabalhos de inumeráveis pessoas que eram umas, cientistas, outras não cientistas, mas que em todo caso trouxeram seu ponto de vista e definiram um certo número de noções. Por outro lado, quando a senhora diz que não se deve rotular, a senhora mesma é entretanto forçada a utilizar uma palavra: *deficiente*. Creio que não é exatamente uma querela, mas que é uma posição de princípio para certas tarefas e uma outra posição de princípio para certas outras tarefas: o que é pertinente numa situação, não o é numa outra.

Gostaria de insistir ou retomar um ponto que a senhora há pouco lembrou: *a questão da perseguição*. Esta idéia de que a perseguição proveniente do exterior viria primeiro e que as dificuldades de organização do raciocínio viriam depois dessa perseguição tampouco é evidente.

Acho que é mais complicado do que isso e que, com efeito, o que vem primeiro é a perseguição. Direi perseguição dessas crianças pela própria vida delas, pela vida ou em todo caso por um certo número de acontecimentos da vida e por um certo número de situações, até mesmo todas as situações e todos seus pensamentos. Estas situações de perseguição fazem com que se instalem nessas crianças mecanismos que tendem a afastar delas toda possibilidade de pensamento e que, de certa maneira, a exemplo da identificação projetiva patológica que Bion nos descreveu bem, de uma certa maneira, isso faz uma bola de neve. Se não conseguirmos desativar esse ciclo da perseguição e de perseguido-perseguidor, não chegaremos a nada nas tentativas de relações mutativas com a criança.

A senhora deve saber que uma das coisas mais difíceis, nos estabelecimentos ou nas famílias em que existem crianças problemáticas, uma das coisas mais difíceis é precisamente evitar que a perseguição aniquile toda tentativa de ajuda a essas crianças e toda tentativa de ajeitar, de melhorar, de modificar a situação. É aí que existem, na minha opinião, efeitos perversos de que a senhora há pouco falava, muito mais que na situação de rotulagem, uma vez que percebemos com uma regularidade extraordinária que a quase totalidade das instituições secreta uma agressividade para com as crianças que elas deveriam ajudar. Podemos compreender e interpretar esses movimentos agressivos em relação às crianças; fazê-lo é, na minha opinião, uma opção interpretativa institucional essencial, sem a qual as melhores intenções podem se inverter de modo muito perigoso.

Não é por isso que se deve baixar os braços ou recusar distinguir as coisas, nem recusar tentar fazer alguma coisa; muito pelo contrário, importa, penso, tudo fazer para tornar conscientes os conflitos internos, pessoais ou institucionais, em particular analisando, à medida que surgem, as dificuldades encontradas.

Daniel Lacombe

Fico muito constrangido em abrir fogo. Espero que seja unicamente devido a uma razão topológica: a ordem de alinhamento dos participantes.

Fiquei muito interessado pelas experiências do Dr. Gibello, tal como foram relatadas em seus artigos e na exposição que acabamos de ouvir. É sempre útil conhecer os resultados, convenientemente analisados, de provas precisas aplicadas a universos determinados, sejam quais forem essas provas e esses universos: na medida em que não éramos capazes de prever exatamente esses resultados, é sempre interessante conhecê-los. Além disso, cada uma das provas do EPL[4] é em si bem engenhosa.

Sei que vão criticar na amostra examinada pelo Dr. Gibello, assim como naquela estudada por Longeot, o fato de serem muito restritas. Pessoalmente, isso não me incomoda muito: os fatos constatados são significativos (de quê? aí está toda a questão!) e a extensão das experiências a vastos universos deve introduzir aspectos suplementares. Por outro lado, gostaria que as provas do EPL tivessem sido feitas com outras categorias de sujeitos, por exemplo com adultos cultos (penso em particular que os psiquiatras apresentariam um índice de desarmonia cognitiva bem elevado).

Isto dito, os resultados do Dr. Gibello não nos foram apresentados como fatos brutos, por mais interessantes que sejam, mas como duplamente inseridos: numa teoria e numa prática.

Quanto à teoria, trata-se da de Piaget; ou, mais exatamente, de um piagetismo tardio, revisto e deformado por autores como F. Longeot. Fora do nome mesmo de Piaget, o prestígio dessa teoria é quase que por

[4] "Escala de pensamento lógico de François Longeot". Établissement d'application psychotechnique, 6 bis, rue André-Chenier, 92130, Issy-les-Moulineaux.

inteiro fundado no emprego – mágico ou publicitário – da palavra *lógica*. Ora, esse emprego constitui uma vasta impostura.

Cientificamente, a "lógica" piagetiana (ou pseudopiagetiana) é perfeitamente pueril. O culto místico do grupo de Klein, batizado "INRC" pela seita, já fez morrer de rir várias gerações de matemáticos; e o apelo a esse grupo, ritualmente efetuado por Longeot quanto à prova referente às proporções e às probabilidades, não desmerece esse folclore. Ainda mais cômica é a afirmação, sempre feita pelo próprio Longeot, segundo a qual a prova do pêndulo apelaria para a "lógica das proposições": o primeiro iniciante a se apresentar pode perceber que essa prova depende de tudo *exceto* da lógica das proposições.

Tecnicamente, o logicismo piagetiano, quando se aplica a indivíduos acima dos doze anos e quando imagina um *"estágio formal"* (pretensamente dividido em "subformal A" e "subformal" B"), só evita o fracasso pela falsificação.

Com efeito, como devemos construir as provas destinadas a situar o estágio a que chegou um indivíduo?

Se levarmos a teoria dos estágios a sério, essas provas devem ser estabelecidas *a priori* a partir da *definição* dos estágios. Em particular, já que a doutrina piagetiana liga fortemente o estágio formal à noção lógica de "implicação", é preciso fabricar e aplicar testes referentes a essa noção. O que foi feito (por pesquisadores piagetianos), em grandes linhas, com o seguinte resultado: quando os testes são inteligentes (por exemplo, a prova das cartas de Wason), a proporção de fracassos é enorme (pode ultrapassar 90%, inclusive entre adultos cultos); quando, ao contrário, os testes são burros (por exemplo, as historinhas que encontramos em baterias como o ECDL – que precedeu o EPL), a proporção de fracassos é relativamente fraca, mas depende muito do nível escolar do indivíduo. O que nada tem de espantoso. Com efeito, diversos trabalhos (por exemplo, os de B. Dumont) mostraram que nesse tipo de provas as dificuldades a serem vencidas nada têm a ver com o manejo da própria implicação (nem de nenhum conectivo proposicional), mas consistem essencialmente em adivinhar o que *"quis dizer"* o autor da questão; ora, a aptidão para resolver esse tipo de adivinhação constitui o fator essencial do êxito escolar.

Em resumo, a teoria dos estágios não funciona mais quando se chega no nível superior (a partir do "pré-formal").

Para salvar essa teoria, podemos então renunciar a tudo o que, no nível elementar (em crianças jovens), fazia sua riqueza e coerência. Em particular, podemos reduzir os estágios a serem apenas *faixas de avaliação*. Para isso, procede-se em várias etapas:

A) eliminam-se as provas cuja taxa de êxito é baixa ou elevada demais;
B) normaliza-se (sem confessá-lo) a notação das provas restantes;
C) decide-se, por exemplo, que, no caso de uma notação sobre seis pontos, um ponto corresponde ao estágio pré-operatório, dois ao concreto A, três ao concreto B, quatro ao pré-formal, cinco ao pré-formal A e seis ao formal B;
D) justifica-se depois essa correspondência mediante argumentos "lógicos" mais ou menos fantasiosos.

Foi exatamente assim que foram construídas as provas do EPL.

Pode-se, além disso, estabelecer duas convenções:

1) chamar de *"estágio atingido"* por um indivíduo aquele que corresponde, na etapa (C) acima, à média das notas obtidas por esse indivíduo nas diferentes provas da bateria;
2) chamar de *"índice de desarmonia cognitiva"* de um indivíduo a taxa de dispersão de suas notas em torno de sua nota média.

Constatamos, então, que o índice de desarmonia cognitiva é em geral fraco: era este o objetivo de toda a operação. Daí podemos deduzir que os estágios têm uma realidade estatística: eles a têm, é incontestável, mas é a dos artefatos!

Em outras palavras, em provas honestas, o índice de desarmonia cognitiva seria elevado e marcaria a inadequação da teoria. Em provas como o EPL, o valor (fraco, mas não nulo) desse índice em universos "normais" aparece como o resíduo de realidade que resistiu a todos os artifícios. A idéia luminosa de Longeot e Gibello foi ter transformado uma insuficiência científica do psicólogo que administra os testes numa deficiência patológica do sujeito testado: a medicina e a sociedade lhes devem por isso reconhecimento eterno.

Pois chegamos ao uso prático das experiências de Longeot e Gibello: classificar os indivíduos e "explicar" (isto é, justificar, se possível de modo médico) os fracassos escolares.

O principal fator de êxito, tanto nas provas escolares quanto nos testes "cognitivos", consiste essencialmente nisto: ser capaz de *adivinhar* o que o autor da questão espera do aluno que deve responder. Trata-se aí, é verdade, de uma capacidade de tipo cognitivo (e por vezes bem elaborada), mas que nada tem a ver com a "lógica" (sobretudo a das "proposições").

Desse ponto de vista, a história – contada por Gibello – de André, aquele adolescente que teria ficado no estágio "topológico", mereceria ser estudada em detalhe. É conhecida a teoria piagetiana segundo a qual a criança até uma certa idade só teria consciência das relações topológicas e só ulteriormente descobriria as relações métricas. Essa teoria, também, fez rir todos os matemáticos que dela ouviram falar: se fosse exata, a criança seria incapaz de distinguir, uns dos outros, uma bola, um cubo, uma tigela, um bastão e um urso de pelúcia, porque todos esses objetos são topologicamente isomorfos a uma bola; e seria incapaz de distinguir uma xícara com alça, um anel, um cano, até mesmo a mãe (mas aí abordamos um campo psicanalítico), porque todos esses objetos são homeomorfos a um toro – isto é, a um tubo furado nas duas pontas. Um ser humano que fosse realmente incapaz de utilizar a métrica euclidiana não poderia realizar um único movimento eficaz, nem *a fortiori* ir de casa à escola ou subir uma escada. Como André, aparentemente, não apresentava nenhuma deficiência desse tipo, deduzo disso que o único distúrbio de que sofria era a incapacidade de realizar, no espaço tipicamente escolar da folha de papel, certas performances de tipo escolar exigidas por um representante do sistema escolar.

São conhecidas as relações entre a aptidão escolar e o desenvolvimento da criança: elas são fundadas – o que nos foi lembrado na exposição – no princípio da "bola de neve" e no da "invasão". De um lado, o fracasso escolar, uma vez manifestado – isto é, freqüentemente desde a entrada na escola –, se reforça quase sempre e não faz mais senão aumentar a cada ano. De outro lado, esse fracasso contamina toda a vida da criança pois, em nossa sociedade, é na escola que se desenvolve a maior parte das capacidades cognitivas, que se efetua a inserção social e que se cria – e se cristaliza – a imagem de si. Desse ponto de vista, os alunos do CPPN[5] têm um longo passado de rejeição institucional e de sofrimento

[5] Classe pré-profissional de nível.

narcísico, que tentam – em vão – compensar mediante reações de revolta ou de "prestância".

Poderíamos portanto esperar, nesse universo, por um nível de performance *uniformemente baixo*, o que daria (por definição) uma harmonia cognitiva quase perfeita. A desarmonia constatada deveria portanto ser considerada não como uma deficiência suplementar, mas, pelo contrário, como um sinal encorajador: esses adolescentes, que tudo perderam em sua vida escolar, ainda são capazes de ser aprovados em certas provas do EPL!

Até o momento, o discurso que o sistema social e escolar dirigia aos alunos dos CPPN (e de muitas outras "fileiras de fracasso") era mais ou menos o seguinte: *"Se vocês não têm nenhuma chance de exercer uma das profissões com que sonham, se estão destinados a se tornar peões ou operários (de alguns anos para cá, melhor seria dizer: desempregados ou delinqüentes), é essencialmente porque vocês são uns babacas".* Agora, graças ao Dr. Gibello, vamos poder lhes dizer: *"Vocês não só são babacas, mas são desarmoniosamente babacas!"*.

Bernard Gibello

Caro Lacombe, agradeço-lhe por sua intervenção. Pude constatar que você não perdeu, ao longo dos anos, seu poder de sedução pelo paradoxo.

Gostaria mesmo assim de assinalar que no que nos diz você não é muito honesto, na medida em que argumenta sobre uma infinidade de coisas que exigiriam de nós quem sabe dois ou três dias, ou mais, para discuti-las com validade quanto ao fundo, mas que talvez não estejam realmente em questão aqui. Você nos propõe primeiro começar a debater a inteligência, sua medida, conceitos de Piaget, a crítica dos conceitos de Piaget, a questão dos desníveis, etc.

Fico feliz em ver que você tem a mente aguçada a esse respeito e espero que possa comparecer à jornada que vou dedicar às questões relativas à medida da inteligência, provavelmente ao longo do mês de junho. Falaremos de novo sobre isso mais tarde.

Mas não estou aqui, e não creio que estejamos aqui para fazer a crítica de Piaget, nem de Longeot, nem de um certo número de outras pessoas que discutiram a questão.

Pessoalmente, o que trago no plano da novidade é algo que é mais bobo que o que disseram Piaget, Longeot e muitos outros. O que digo é que quando examinamos crianças, ao falarmos com elas, ao lhes aplicarmos essas provas que foram selecionadas por outros e que não são perfeitas, talvez até menos perfeitas do que outras (creio que desenvolvi essa questão num artigo relativo à escala de pensamento lógico de Longeot), pois bem, quando lhes aplicamos essas provas, percebemos uma coisa: é que há uma diferença muito significativa, e você nos falou disso, extremamente significativa, já que deve ser significativo de modo muito preciso, entre a maneira de pensar de certas crianças que não apresentam essas dificuldades.

Assim, não se pode negar o interesse em demonstrar essa diferença. Não se pode negar o interesse em designar essa diferença por uma palavra. Observo-lhe *en passant* que, a esse respeito, você usa as palavras *"desarmonia cognitiva"*; pessoalmente, usei aqui as palavras *"desarmonia cognitiva patológica"*. Há uma desarmonia cognitiva normal, que é de uma amplidão menor que a desarmonia cognitiva patológica. Mas o importante e o interessante é que, comparando os resultados de uns e outros, percebemos que há algo aí de diferente e algo de tão diferente que, enquanto não for evidenciado, não o compreenderemos e nele não acreditaremos.

Quando você me diz que André estava preso no sistema escolar, você aí se engana. André é, ao contrário, um exemplo perfeito do que Maud Mannoni nos dizia há pouco, da importância das motivações pessoais da criança num aprendizado do saber. Acontece que esse garoto, que tinha quatorze anos, fora rejeitado por toda escolaridade clássica durante uns dez anos ou quase e não conhecia nada, não compreendia nada de nada, no plano escolar.

Acontece que esse garoto estava num abrigo onde não era forçado a nenhuma forma de escolaridade e que, dentro desse abrigo, após várias discussões e tentativas de estágios em diferentes lugares, ele havia pedido, após inúmeras tentativas, para fazer um curso de técnico de aquecedor. Esse curso de técnico de aquecedor começara a funcionar bem à sua satisfação e à satisfação do pequeno artesão com quem ele trabalhava. Após oito a dez dias, ele veio ver o educador e lhe disse algo como:

Sabe, Dédé, é legal o troço que comecei a fazer. O chato é que, para fazer esse trabalho de técnico de aquecedor, eu preciso saber ler as plantas, ou não vou entender nada do meu negócio, e eu queria aprender a ler as plantas para entender o que tenho que fazer e para poder fazê-lo".

Foi aí que o educador procurou uma situação escolar para o garoto, que pedia isso; essa situação escolar não lhe era imposta. Ele pedia, precisamente, para aprender a ler as plantas e precisava aprender isso num nível o mais elementar possível.

Quando digo, em seguida, que esse garoto vivia num espaço topológico e não num espaço euclidiano, faça-me a gentileza de não rir da minha cara. Sei perfeitamente, sabemos todos, que a criança não vive num espaço matemático topológico. Sei somente – e você o sabe tanto quanto eu – que uma criança, se tenta e consegue diferenciar uma tigela de uma colher, de uma mãe e de um certo número de outros objetos, pode se revelar extremamente indiferente às medidas, aos valores, aos números e aos ângulos.

Se eu tivesse dito: um espaço de borracha que se pode esticar ou encolher em excesso, isso talvez tivesse dado uma idéia melhor desse espaço. De qualquer maneira, não creio que os matemáticos enunciem verdades, creio que os matemáticos propõem modelos, modelos que são cômodos para refletir, mas que não se encontram forçosamente realizados na natureza. Errei em dizer que André vivia num espaço topológico. Não creio aliás tê-lo dito e, em todo caso, não penso assim. Mas o que penso é que a maneira de a criança pensar o espaço aos cinco ou seis anos aproxima-se mais do modelo do espaço topológico que do espaço euclidiano, ainda que isso faça morrer de rir os matemáticos. Isso é problema deles.

Enfim, você argumenta a propósito de elementos técnicos e com provas que não conheço, que a maioria das pessoas aqui não conhece, não é realmente, como dizer, não é lá muito "ingênuo" da sua parte nos propor uma argumentação que não podemos discutir.

Você também nos diz que com adultos considerados comuns essas técnicas de exame dariam resultados particulares. Então, para os adultos, acontece que também tenho uma pequena experiência do que isso faz. Isso não evidencia desarmonias cognitivas nos psiquiatras, mas mostra com muita freqüência uma organização do raciocínio que não ultrapassa o início do estágio formal. É assim. Achei que era freqüentemente o caso entre os psicólogos e que entre os matemáticos era antes do lado da desarmonia cognitiva que isso se manifestava.

Enfim, é uma desforra.

Deixemos de lado essas briguinhas menores e de posição, pois creio que a verdadeira questão, questão importante, é saber como podemos passar do *sujeito epistêmico*, que é o sujeito da pesquisa piagetiana, ao *sujeito clínico*. Essa questão já ocupa o bastante os piagetianos e o pessoal de Genebra, atualmente. Estou pessoalmente mais interessado pela passagem ao *sujeito clínico* do que pelo que aprendemos do *sujeito epistêmico*.

Terminarei dizendo que, quanto à questão dos desníveis, os próprios piagetianos divergem terrivelmente a seu respeito. Quanto a isso, diria que estou pouco me importando. Estou pouco me importando na medida em que (repito) encontrei um meio que permite, de modo simples, ao mesmo tempo que a clínica, confirmar elementos de clínica. Esse procedimento demonstra que existem diferenças que justificam dificuldades muito maciças e em geral desprezadas em certas crianças.

O que não quer dizer que a escola não exista. O que não quer dizer que a escola não tenha maus ou bons efeitos sobre as crianças. O que não quer dizer que a rotulagem não tenha conseqüências, mas quer dizer que existe também o que conto e que podemos falar disso sem que forçosamente zombem de nós.

Stella Baruk

Não tive tempo de me lançar na decodificação de toda a literatura referente a Piaget e Longeot. Mas tenho agora uma certa idéia do assunto após ter escutado o Sr. Gibello. Acho-me provavelmente na situação dita paradoxal, que ele pensava ser aquela na qual se encontrava Daniel Lacombe. É com efeito a mesma. Ela me faz pensar na história do caldeirão, contada por Freud. Trata-se de respostas dadas a um senhor que censura um outro por ter apanhado emprestado um caldeirão e tê-lo devolvido em mau estado. Primeiro argumento: *não apanhei emprestado o caldeirão*. Segundo argumento: *ele já estava furado*. Há um terceiro argumento que esqueci.

Bernard Gibello

Eu lhe devolvi o caldeirão em bom estado, ele já estava furado quando você me emprestou e nunca lhe pedi um caldeirão emprestado.

Stella Baruk

É isso. Mas só utilizarei dois argumentos, a saber: *em primeiro lugar*, não apanhei caldeirão emprestado; em seguida, ele *já* estava furado.

Não apanhei caldeirão emprestado. O caldeirão, para mim, é a psicologia. Tenho vinte e cinco anos de prática, dedicada à luta contra o fracasso em matemática. Uma prática extremamente diversificada, o que foi a minha sorte. Trabalhei tanto em hospitais-dia quanto em CMPP[6], quanto em salas de aula ditas normais; enviaram-me crianças de tudo quanto é lugar, "crianças consideradas como inaptas", "crianças consideradas como não devendo nunca estudar matemática", e todos sabem que a prática da matemática é considerada como sendo o lugar privilegiado do exercício da inteligência.

Minha primeira oportunidade está, pois, na diversificação do público, dos adultos, das crianças e em particular das crianças que eu revia em certos CMPP, após tê-las tido num curso dito normal.

O que me permitiu ouvir-me dizer: *"A senhora disse em sala que a raiz quadrada de 3 era igual a 9"*. Ao que eu respondia: *"Ah! bom, eu disse isso, eu?"*. Pois bem, há vinte e cinco anos, hoje inclusive, trazem-me frases igualmente extraordinárias, que fariam enforcar em praça pública os professores que as enunciassem.

Tive, pois, a chance inaugural de ouvir algo que me fora enviado pelos alunos de meu próprio discurso.

Segunda chance: freqüentemente falei disso com ingenuidade, mas a afirmação soava como uma provocação, *eu não sabia nada de psicologia*. Por conseguinte, em vez de me fazer a pergunta normativa: *isso não está acontecendo como deveria acontecer, porque deveria acontecer de certa maneira*, interroguei-me sobre *primeiramente, como isso acontece*

[6] Centro médico-psicopedagógico.

e, em seguida, por que isso acontece como isso acontece. Pois bem, com efeito, digo de novo que tive muita chance por não saber psicologia, e o digo hoje de modo um pouquinho menos ingênuo, por ter tentado entrar um pouco nesse mundo, que não conhecia, os testes, a medida da inteligência, a quantificação. Veja, Sr. Gibello, nossas visões são praticamente opostas, inteiramente antinômicas, porque o senhor acaba de falar de suas duas descobertas, de desarmonia cognitiva patológica e de AOR, como sendo monstros e a mim me parece que são efetivamente monstros, mas monstros epistemológicos, e gostaria de tentar dizer algo sobre isso.

Percebemos, quando não temos pressupostos, pois o senhor diz: *não estamos aqui para examinar Piaget.* Não estamos aqui para examinar Piaget, mas acontece como nos mitos, como nos mitos mais profundamente ancorados, que fazem funcionar a humanidade: alguém conta uma história um dia, que é retomada por um outro, que é retomada por dez pessoas e depois, no final, esquecemos completamente os fundamentos da história inicial. E todos fazem como se isso existisse, todos fazem como se os estágios de Piaget existissem e devessem ser melhorados, ajeitados, etc. Mas isso não existe, isso simplesmente não existe! Posso dizê-lo a partir de minha experiência, já que trabalhei com adultos e até com adultos que estavam em análise – o fracasso em matemática, imagine o senhor, resiste ao divã –; poderemos talvez dizer algo sobre isso, justamente. O que prova talvez a especifidade de um lugar psíquico, que seria não o da inteligência, mas, palavra que os analistas talvez possam apreciar, o do *entendimento.* Haveria algo a dizer a respeito de seu André, mas do ponto de vista do entendimento dele. Pois bem, percebemos, quando não estamos nas garras dos pressupostos da psicologia, que o funcionamento do psiquismo é de uma riqueza e de uma heterogeneidade absolutamente constante, desde as crianças que entram na escola até os adultos de uns cinqüenta anos, dentre os quais um certo número de professores que tiveram que ser reciclados para a matemática moderna e que se viram na situação de passar por imbecis. Pois bem, a heterogeneidade é um dado universal, primeiro ponto. Segundo ponto, só existem desarmonias. *Somos todos desarmônicos cognitivos,* como pudemos dizer: *somos todos judeus alemães**. Posso lhe garantir que somos todos desarmônicos.

* Referência a um *slogan* de maio de 1968, na França, dito em solidariedade ao líder estudantil Daniel Cohn-Bendit, judeu-alemão. (NT)

A melhor prova disso é que se o senhor puser um adulto numa situação de aprendizado, seja ela qual for, pois bem, se for um campo que não lhe é familiar, ele vai se comportar como uma criança de seis a sete anos, diante de um sistema de significações novas. Talvez ele fique numa situação ainda mais difícil. Penso naqueles que tentam se iniciar na análise e que se vêem diante de dificuldades que os afetam prodigiosamente. Não entendem nada. Ficam completamente perdidos. O que pouco a pouco descobri em matemática é que a norma suposta é o fio da navalha, é o que é esperado, o que é preparado, o que é escrito, o que se constituiu ao longo dos séculos de prática, por matemáticos sucessivos. Repetição de um certo número de enunciados, a lógica matemática não é a lógica de ninguém. A resposta normal, arquinormal, é a que cai ao lado da boa resposta. Acontece de boas respostas poderem ser obtidas. Não o contesto. Tampouco contesto, Dr. Gibello, a existência da doença. Mas o que acho dramático é que vemos doentes ali onde não há. Nomear não é neutro. Nomear faz existir alguém que não existia primitivamente. Então, eu digo, *a psicologia não existe é o caldeirão que não apanhei emprestado*. Infelizmente existem os psicólogos: aqueles que puderam dizer que uma criança era inapta para a matemática; a realidade negou completamente o que afirmaram.

Há alguns anos venho estudando o que chamo de *a verdade do erro, o erro na matemática*. Apareceram taxonomistas raivosos para me perguntar se eu havia feito a lista de todos os erros necessários para aprender a matemática. É claro que me recuso a proceder a esse tipo de trabalho: se o erro é a norma do funcionamento psíquico em matemática, não há tampouco norma do erro.

Há alguns meses, eu estava em Lille, diante de professores favoráveis à idéia de que, se uma criança afirma: *raiz quadrada de dois mais raiz quadrada de três igual a raiz de cinco,* isso talvez não seja tão abominável, tão desarmônico assim. Isso talvez não marque uma disfunção, nem uma desarmonia qualquer, mas explica simplesmente um processo normal do pensamento, um processo normal do entendimento. Já que esse processo existe, é preciso aceitá-lo em sua dinâmica, é preciso levá-lo em conta.

O que tento dizer é que é preciso levar em conta as reações do sujeito conhecente, porque é a realidade do funcionamento psíquico. Não podemos evitar essa realidade, o que os participantes do seminário em Lille foram obrigados a admitir. Um professor observou que, em trinta cópias de interrogações escritas no início do ano, encontrava-se vinte e quatro vezes o mesmo erro num produto notável. Quando vinte e quatro alunos em trinta cometem o mesmo erro, embora venham de lugares diferentes, pergunto-me se o conceito de normalidade não deve ser pura e simplesmente reconsiderado.

Eis por que digo que a compartimentação da psicologia não tem cabimento. Segundo Longeot, não é possível ter acesso a um estágio sem ter passado por um estágio precedente. Tenho alunos que estudam funções e raciocinam sobre derivadas, mas que me dizem que *um meio mais um terço é igual a dois quintos*. Logo, não posso pura e simplesmente aceitar a idéia mesma de desarmonia cognitiva, mesmo a desarmonia patológica não existe. Nunca a encontrei.

Segundo argumento, não o desenvolverei, Daniel Lacombe traçou-o em parte: poderíamos mostrar que a situação de teste não é evidentemente uma situação que permita julgar a inteligência de um sujeito. É preciso que ele seja colocado *em jogo e não em julgamento*, como fazemos. Por outro lado, tudo o que sei da análise do funcionamento psíquico real dos alunos, isto é, da colocação em jogo real de um sujeito, aprendi-o fazendo-os trabalhar, trabalhando com eles. Só podemos julgar a inteligência de uma criança a partir de um trabalho. Aí ainda, somos vítimas de todos os pressupostos sobre a *lógica espontânea* de uma criança. Não me faltariam histórias para contar sobre as lógicas espontâneas de uma criança. Elas nada têm a ver com a lógica esperada, a lógica de Piaget. A lógica tem uma história, a moral tem uma história. Quanto aos testes, as gravuras de Binet sobre as quais as crianças são interrogadas, elas têm um século. As questões de Binet têm um século também, ainda que tenham sido remanejadas. O caldeirão está furado, arquifurado, está vazando por toda parte. A psicologia parece-me ser um monstro epistemológico, haveria talvez outra coisa a fazer em vez de procurar *via* aparelho médico, psicanalítico, psiquiátrico, psicológico, *como isso não funciona*. Seria talvez mais interessante ver como isso funciona, por que isso funciona assim e devolver seu lugar ao sujeito falante, pois existe uma grande ausente em todo esse debate, é a língua à qual parece que não damos muito lugar, mas quem sabe voltaremos a isso.

Bernard Gibello

Quando a senhora identifica matemática e inteligência ao raciocínio, está fora do que estou dizendo. Por outro lado, quando diz *desarmônico* no sentido pejorativo, está fora do que estou dizendo. Quando identifica o que acontece com a lógica com o campo escolar, também está fora do que estou dizendo.

É tão estranho o que lhe conto que tem dificuldade de ouvir o que lhe digo. Vou lhe dar um outro exemplo: um garoto está fazendo as contas, porque gere seu orçamento. Ele põe o lápis na boca, faz as contas e chega a um resultado. Dá para a contadora verificar e ela lhe diz *"ok, sua operação está certa"*. Ele retorna ao grupo na sala e, naquele momento, tem um acesso de raiva. O educador lhe diz: *Por que você está assim de mau humor?*. E o rapaz lhe responde: *"Estou de mau humor porque na minha conta, veja, há dez linhas e gastei 300 francos, enquanto que Alfred tem duas páginas. Ele não gastou nem 150 francos: que sacanagem, estou cheio e isso tudo me enche o saco"*.

O menino está com muita raiva. Ele diz coisas que mostram uma reação totalmente incompreensível, se não nos dermos conta de que, por trás da reação desse garoto, há seu desconhecimento da conservação do número e que, a partir desse elemento, podemos compreender o que aconteceu; se não pensarmos nisso, vamos interpretá-lo de modo diverso, mas não compreenderemos o que acontece.

Incidentes desse tipo – não falo de coisas escolares, mas dos incidentes cotidianos, modos de falar, modos de fazer, de organizar projetos – denotam que há algo na organização lógica que não bate.

A senhora diz, por outro lado, algo que é verdadeiro: quando aprendemos algo, começamos a compreendê-lo e a pensá-lo em termos arcaicos (mexemos nele, manipulamos o objeto e em seguida pomo-nos a pensá-lo, a dizê-lo). Mas esses aprendizados não são desarmonias cognitivas. A heterogeneidade do raciocínio tampouco é desarmonia cognitiva patológica. A desarmonia cognitiva patológica é achar-se diante de uma atitude que não podemos mais entender. Temos como entender, mas não podemos.

Stella Baruk

O que tento demonstrar na obra que estou atualmente escrevendo é que a criança passa por uma espécie de peneira que é sua escolaridade primeira e primária. Perguntamo-nos como pode daí sair incólume, isso quando consegue sair. Dou-lhes um exemplo muito simples: há uma relação que deve ocorrer entre as palavras da língua numeral, um, dois, três, quatro, cinco, seis, etc, e a significação. Para a criança, a garantia de um certo número dessas significações está em seu corpo, o dois, as duas orelhas, as famosas duas orelhas ou os dois olhos dos testes de Binet, os dez dedos. Pois bem, ela sabe falar essa língua numeral antes de ir para a escola; lá, aprende a escrever. Imediatamente se produz uma ruptura entre significantes e significados. Ao invés de compreender a dor que isso representa, de entrar na dificuldade de se dizer treze por 13, dezessete por 17. De dizer oitenta por 80 e de não ter que escrever nem um 4 nem um 20★. O senhor, Dr. Gibello, cuja racionalidade está inteiramente constituída e que escreve noventa e nove, com um nove, sem se espantar com isso, imagine que para uma criança é um sofrimento não poder escrever nem um quatro, nem um vinte, nem um dez, nem um nove★★; se ela o fizer, o senhor, por sua vez, achará esse comportamento aberrante. Preocupa-me o modo como o senhor julga o comportamento das crianças. O senhor diz que as crianças associam a cada fonema uma escrita numérica. Mas posso lhe dizer que não são fonemas, mas significantes. Quando há circulação entre significantes e significados, há sentido que brota.

O que insisto com os fonoaudiólogos que já o sabem é que há uma restauração a ser feita. A pequena infância é praticamente a parte mais difícil. Toda a fiabilidade à linguagem se opera aí. Tenho uma quantidade de exemplos que mostram que é no início que a racionalidade de uma criança, em construção, é colocada em perigo. Isso é pleno de conseqüências e deve ser levado em conta. Deve ser levado em conta na história do quadrado, deve ser levado em conta na história da linha. Que quer dizer quadrado para André? Será que não quer dizer simplesmente polígono?

★ O número 80, em francês, é formado pela multiplicação de 4 x 20 (*quatre-vingts*). (NT)

★★ Da mesma forma, a partir de noventa, os números são formados por multiplicação e adição (99=*quatre-vingt dix-neuf*). (NT)

Alunos me perguntaram se era preciso que fizessem um quadrado realmente quadrado ou que o fizessem em relevo, ou que não o fizessem. Noventa e nove é um sofrimento. Treze é um sofrimento. Escrever isso, como fazemos na escola primária, é pôr a criança numa situação de abandono em relação a seu próprio entendimento. Ora, toda a racionalidade constituída dos adultos consiste em acentuar esse abandono. Não há nada de espantoso em que as crianças imaginem ser vítimas de perseguições. Elas são.

Philippe Petry

Não creio que possamos nos abstrair das teorias de Piaget fazendo passar a desarmonia cognitiva por um "fato" reinterpretável à luz de outras teorias. A desarmonia cognitiva nada tem de um "fato" bruto. Essa nova entidade nosográfica é obtida experimentalmente e interpretada graças a um instrumento que é a concretização de uma teoria, a de Piaget. Isso tem efeitos secundários práticos no modo como são abordados os distúrbios da inteligência.

O Dr. Gibello sublinhou as divergências existentes em torno da noção de desarmonia entre piagetianos. Não se trata, como ele disse, de "querelas bizantinas" quanto à interpretação de um fato, mas de problemas centrais quanto à concepção da passagem de um estágio a outro. O modo como respondemos a esses problemas comporta desafios práticos.

Em Piaget, a desarmonia não é uma noção marginal; ela se tornou central desde pelo menos 1975, para explicar a passagem de um estágio a outro[7]. Piaget apresenta esses momentos de desequilíbrio como *"os motores da construção das diferentes organizações cognitivas"*. O sujeito depara com um obstáculo em contradição com seu nível de raciocínio, que desequilibra este e chama uma superação mediante um remanejamento cognitivo. Para Piaget, o estágio ultrapassado está necessariamente integrado numa estrutura mais complexa. Esse processo constitui *"a equilibração pelo maior"*, que comporta *"a um só tempo conservação estabilizadora e construção nova[8]"*.

---

[7] Jean Piaget, *L'Équilibration des structures cognitives,* PUF, 1975, p. 18.

[8] Já citado, p. 36.

O desequilíbrio, *"motor do desenvolvimento"*, está compreendido na perspectiva de uma teoria dos sistemas e da auto-organização por diferenciação interna de estruturas hierarquizadas cada vez mais complexas em que a necessária *"integração do superado no superante"* criaria uma estabilidade crescente.

Essa noção central de desarmonia acoplada à homogeneidade dos estágios suscitou controvérsias entre piagetianos. Essas tomadas parciais de posição parecem-me muito próximas das escolhas práticas no trabalho cotidiano, escolhas que freqüentemente fazemos em nome de uma "teoria" da inteligência bem pouco explícita.

Podemos encontrar marca dessas controvérsias nas atas de uma palestra de 1976 – *"Epistemologia genética e equilibração"* –, que reunia discípulos para o octogésimo aniversário do mestre. É espantoso constatar que as questões dos discípulos estavam todas concentradas em torno da noção de desequilíbrio e da concepção "otimista" de Piaget quanto ao feliz resultado desses momentos de desarmonia.

Eis três pontos do debate que, parece-me, podem conter desafios práticos.

1) A integração necessária do superado no superante ou a integração necessariamente "pelo maior" concebida como *"união indissociável entre estabilidade do adquirido e exigência de superação*[9] *"*.
2) O resultado do desequilíbrio é unívoco? Se existem vários resultados possíveis, haveria lugar para ramificações, hierarquizações de estágios alternativos abrindo para um *"princípio de indeterminação*[10] *"*.

Piaget responde: *"A escolha de diferentes caminhos é exclusiva, a escolha de um afasta os outros, mas um sujeito cognitivo pode ter esperanças de reuni-los depois mediante junções retroativas*[11] *"*.

3) A recusa a levar em consideração o obstáculo proíbe o início do processo de equilibração. Piaget não pode justificar essa recusa em termos cognitivos e apela para o que chama de "freudismo",

[9] Inhelder, Garcia, Vanecha, *Épistémologie génétique et équilibration, Hommage à Jean Piaget*, Delachaux et Niestlé, 1977, p. 138.

[10] *Homenagem a Jean Piaget*, 1977, p. 128.

[11] Idem, p. 131.

evocando o recalque. Mas acrescenta: *"O sujeito vê muito bem o problema, mas não quer admitir o fator, embora o fator exista. É absolutamente normal, parece-me, que a etapa ulterior seja de levar isso em conta*[12]*"*.

Às questões de seus discípulos abrindo possibilidades de indeterminação, Piaget responde pela esperança de uma unificação sempre aguardada no estágio ulterior. Essa paixão pela unificação e pela homogeneidade leva-o a posições epistemológicas pelo menos contestáveis, que aparecem de modo quase caricatural em sua última obra, cujo prefácio sublinha seu valor testamentário – *Psicogênese e história das ciências*[13]. Trata-se de uma tentativa de reconstrução dos patamares de desenvolvimento da mecânica e da matemática, em paralelo com os estágios do desenvolvimento cognitivo. Aqui ainda, são os *mecanismos de passagem de um estágio a outro* que constituem o objeto central da obra[14].

A ambição dessa obra é vencer a oposição, clássica na história das ciências, entre continuidade e descontinuidade. Aqui ainda, os momentos de desequilíbrio permitem a passagem de um estágio a outro e levam a uma hierarquização dos estágios do desenvolvimento das ciências, paralela aos estágios de desenvolvimento da inteligência. Essa hierarquização, para Piaget, vai junto com uma unificação por *"superação de uma estrutura por outra mais ampla, o superado é integrado na superação, o que permite a continuidade do saber, a qual é completa em matemática pura*[15]*"*.

Assim, ao passar pelos mesmos estágios, a história das ciências reproduziria a da inteligência. Esse paralelo revela, por um efeito de amplificação, um certo número de questões que, na minha opinião, se referem também à concepção da inteligência.

Essa síntese evolucionista parece-me mais próxima da reconstrução pedagógica do que da história das ciências. Ela está aliás em contradição com boa parte da epistemologia contemporânea: Piaget se opõe a Reichenbach, Kuhn e Feyerabend, entre outros[16]. Estes contestam a idéia de uma superação e de uma inclusão de um estágio pelo outro.

---

[12] Idem, p. 121.

[13] Piaget e Rolando Garcia, *Psychogénèse et histoire des Sciences*, Flammarion, 1983, p. 41.

[14] Idem, p. 304.

[15] *Psychogénèse et histoire des Sciences,* 1983, p. 35 e pp. 225 a 296.

[16] Paul Feyerabend, *Contre la méthode*, Seuil, 1979, p. 194.

Reichenbach introduziu a distinção entre o contexto da descoberta e o contexto da justificação; Kuhn reelaborou essa oposição opondo o trabalho da ciência normal, que desenvolve o adquirido no quadro de uma teoria em uso, e os momentos de revolução em que o quadro de trabalho é redefinido pela criação de um novo paradigma. Feyerabend, enfim, insistiu na incomensurabilidade dos paradigmas diferentes cujas relações não podem ser concebidas em termo de inclusão, mas de sobreposição parcial de sistemas abertos[17]. Ele mostrou também, a partir de exemplos históricos, que, no contexto da descoberta, todos os golpes são permitidos: *"Tudo é válido"*[18]. Esses desvios demasiadamente teóricos comportam, como vemos, pela última fórmula provocante, desafios práticos: se aceitarmos no trabalho com a criança a idéia de que a descoberta não é da mesma ordem que a justificação, poderemos suportar que ela faça antecipações ou regressões não homogêneas aos estágios em que supostamente está raciocinando quando deve se justificar e poderemos talvez suportar que vários sistemas de referências se superponham. Há então lugar para o que certos discípulos de Piaget chamam de a "indeterminação". É impressionante constatar que às questões que abrem possibilidades de indeterminação, Piaget responde pela esperança de uma unificação sempre aguardada para o estágio ulterior. Essa paixão pela unificação parece-me problemática: se abordarmos as dificuldades das crianças que encontramos tendo na mente a bela arquitetura do sistema piagetiano, só poderemos ter a impressão penosa de nos acharmos diante de um campo de ruínas onde só podemos perceber algumas ilhotas erráticas sem nenhuma homogeneidade.

Se pensarmos que é preciso consolidar a homogeneidade de um estágio antes de nos autorizar a antecipações que desestabilizariam o edifício, correremos o risco de nos proibir de acompanhar a criança em tentativas em que ela se surpreende por vezes a raciocinar acima de seu nível homologado pelo teste.

Quanto ao problema da recusa do obstáculo, não podemos explicá-la em termos estritamente cognitivos e ela põe freqüentemente à prova nossa imaginação para variar os enunciados, escolher os exemplos ou

---

[17] Idem, p. 20.

[18] Poincaré, "Conférence à la Société de Psychologie de Paris", in *Bulletin de l'Institut général de Psychologie*, nº 3, 1908.

ilustrações de uma noção; e, nas curvas dessas paráfrases, dessas variações, revelam-se com freqüência os arcanos e as armadilhas da linguagem suposta ordinária.

A idéia de desarmonia tem o interesse de atrair a atenção para os momentos normais e motores do desenvolvimento da inteligência, em que é tropeçando em obstáculos e atravessando desequilíbrios que uma reelaboração se produz. A idéia *construtivista,* cara a Piaget, poderia talvez nos tornar atentos ao aspecto de auto-organização da iniciativa de um sujeito, que busca e constrói seus próprios pontos de referência para se orientar numa situação problemática. O sistema piagetiano pode sem dúvida agir como meio e como obstáculo: ele nos força a levar em conta o modo como uma criança constrói e reelabora seu próprio sistema de pontos de referência, mas pode também fechar a iniciativa singular da criança num sistema de progressão preestabelecido, supostamente o mesmo para todos, onde resta apenas pouco lugar para a indeterminação e as vias alternativas.

Clinicamente, é divertido constatar que as crianças tendem a transformar o teste de Longeot em teste projetivo. Na prova de conservação do peso e do volume, são apresentados a elas dois "chouriços" de massa de modelar e elas se põem a contar histórias de serpentes. Quando um dos chouriços é amassado para virar uma pizza (conforme as instruções), a criança conta uma história de *crêpes Suzette* e acaba dizendo: *"Sim, ela tem o mesmo peso, mas uma* crêpe *a gente joga no ar, logo, é mais leve".*

Mais nítido ainda, na prova de seriação, uma criança classifica os bastonetes por ordem de grandeza como numa família: o irmãozinho, a irmã maior, mamãe, papai.

Dois universos de referência se superpõem parcialmente. Conviria hierarquizar de imediato essas duas maneiras de construir pontos de referência, desvalorizar o fantasma como parasita, obstáculo ao raciocínio?

É verdade que ficamos com freqüência embaraçados com surgimentos intempestivos de fantasma no trabalho cotidiano e que para poder utilizar noções como *zero, relação, casal,* matematicamente, é necessário despojá-las de seu excesso de sentido; mas não estou certo de que tudo se passe numa separação completa entre o fantasma e o cognitivo.

Gostaria de citar a anedota bem conhecida de Poincaré, lembrada aliás pelo próprio Piaget a propósito do recalque. Encontraremos nela uma ilustração da distinção *descoberta-justificação*. Ele trabalhava sem resultado num certo tipo de funções, a história começa numa noite de insônia que ele assim descreve: *"As idéias surgiam em massa, eu as sentia como que se chocando, até que duas delas se agarrassem."*. Dizemos com freqüência que os desarmônicos se defendem através de sua agitação motora quando estão diante do problema que não podem tratar intelectualmente.

Poincaré achou a solução no dia seguinte ao sair para passear: *"Pondo o pé no ônibus, veio-me a idéia, sem que nada em meus pensamentos exteriores parecesse ter me preparado para isso, de que as transformações que eu havia utilizado eram idênticas às da geometria não-euclidiana. Não verifiquei, mas tive de imediato a inteira certeza*[19]*"*.

O trabalho se faz em momentos separados da agitação das idéias, aparentemente estéril (e que lembra os distúrbios do continente evocados por B. Gibello). O surgimento das idéias aparece como distinto da verificação. Não se trata de agitar o mito da iluminação ou do gênio criador, e sim de sublinhar o alcance prático da distinção entre a *descoberta* e a *justificação* que é, parece-me, o campo privilegiado de Piaget, onde um trabalho de reconstrução permite a homogeneidade do raciocínio. Mas não creio que a demonstração consista em percorrer de volta o caminho da descoberta. Gauss dizia: *"eu já tinha a solução, mas precisava ainda descobrir como tinha chegado a ela"*.

Catherine Mathelin

Gostaria primeiramente de felicitar o Dr. Gibello. Vir falar esta manhã não era tarefa fácil. Mas, afinal, o senhor devia bem imaginar a que estava se expondo! Vir ao CFRP[20] falar a analistas que têm Freud e Lacan como referências, diante de Maud Mannoni, diante do pessoal de Bonneuil...

Sempre tentamos defender exatamente o contrário do que o senhor traz hoje e criticá-lo é coisa fácil para nós. É um pouco "rotina" e é por isso que não acho muito elegante a maneira como o acolhemos aqui.

---

[19] Poincaré citado por J. Hademard in *Essai sur la psychologie de l'invention dans le domaine mathématique*, Gauthiers-Villars, pp. 23-24

[20] *Centre de Formation et de Recherches Psychanalytiques.*

A crítica que posso fazer não se refere ao que o senhor disse hoje de manhã, conheço o bastante suas orientações para saber antes de vir aqui que elas não são as minhas. Entretanto, se vim, foi na esperança de aprender algo. Afinal, no CFRP, não é para isso que estamos aqui?

E sua exposição me parece decepcionante pelo fato de não nos ensinar nada de novo; o senhor não diz absolutamente em que, por exemplo, os pontos de referência que instaurou lhe permitem trabalhar. Para que serve isso? Afinal, somos analistas, recebemos crianças e adultos. De que lhe serve em suas curas, já que o senhor também é analista, esse modo aperfeiçoado de rotulagem?

É o que eu gostaria de ter aprendido esta manhã, e não ter ouvido dizer que os testes são grotescos, que não servem para nada, porque, desde o tempo em que insistimos com eles, estamos a par...

Mas como o senhor trabalha? Como consegue fazer coexistir seu trabalho de testes e seu trabalho de analista? As crianças, como ficam nisso tudo? Em suas curas, quais são seus pontos de referência, será que correspondem aos nossos?

Só a partir desses elementos, que não nos foram absolutamente dados, é que me parece que uma discussão mais interessante que a eterna "guerra dos testes" poderia ter acontecido.

Bernard Gibello

Agradeço-lhe vivamente por esta questão, na medida em que é este precisamente o problema. Só que o problema é também que aqui, provavelmente, certos participantes conhecem minhas idéias e as ouviram ser expressas ou as leram num ou noutro momento. Mas não sou megalomaníaco a ponto de imaginar que todos conhecem minhas idéias. O que me levou à necessidade, considerando o tempo de que dispunha, de começar a dizer de que se tratava antes de dizer o que eu fazia com elas e, o tempo me sendo contado, comecei pelo início.

Isabelle Bloch

Acho apaixonante essa abertura possível das posições de Gibello sobre um debate referente a escolhas teóricas que comandam nossa prática. Sou grata ao Dr. Gibello por ter aceitado este confronto. Trabalho com o grupo didático do Instituto de Pesquisas para o Ensino da Matemática (Paris-Sud). É com esse grupo de didática que tentamos elaborar uma outra maneira de aprender a matemática, que leve em conta um certo número de idéias enunciadas esta manhã. Nosso ponto de partida é muito próximo do de Stella Baruk Divergimos em seguida quanto aos métodos, porque Stella Baruk trabalha na reeducação de crianças; nós, ao contrário, tentamos modificar o ensino tradicional nas salas de aula. É claro que isso se fez em reação contra a concepção dogmática dos anos 70, do tipo *lógica = inteligência = demonstração = descoberta e aprendizado.* Tivemos cuidado em privilegiar os conteúdos, isto é, em avaliar não uma teoria do conhecimento, mas uma teoria do aprendizado em matemática. E de levar em conta o aprendizado e o objeto do aprendizado, na avaliação e no aprendizado.

Vou tentar expor as grandes linhas de nosso trabalho. Primeiramente, qual é o conceito visado? O que queremos ensinar? En seguida, é preciso tentar saber como explorar esse conceito.

A hipótese feita é justamente a de uma desarmonia permanente entre os níveis de conhecimento a respeito de um mesmo conceito. Da mesma forma, o aprendizado não consiste em tender para uma síntese unificadora, que aliás não existe. É a ação que vai introduzir o aprendizado, a ação, fonte de saber, a ação sobre objetos. Não se trata de objetos materiais como aqueles de que fala Piaget, porque nos dirigimos a alunos que são em geral mais velhos. Trata-se de objetos matemáticos bem conhecidos do aluno, ou supostamente bem conhecidos dele. Essa questão de desnível foi também estudada por Line Robert em matemática. Os trabalhos de Laurence Viennot trataram, em física, de estudantes em 2º ano de faculdade que, embora capazes de resolver problemas de física de seu nível, tinham certos conceitos inteiramente arcaicos sobre velocidade, força, movimento. Conceitos arcaicos que remontavam à Idade Média. Foram aliás explicados num número especial de *Pour la science.* Um artigo aborda a questão desses conceitos medievais da mecânica não-newtoniana.

Em que consiste, pois, esse aprendizado, essa exploração do conceito? Ela consiste em tentar introduzir um conceito em diferentes situações. Para tomar um exemplo muito simples, se quisermos falar de números racionais, isto é, de frações, vamos começar falando de pedaços de torta e quadrados de chocolate, vamos introduzir a notação fracionária A sobre B e em seguida, talvez, falar de engrenagem, de correia de transmissão. Temos assim um desnível. Desnível que constatamos porque o conceito opera em certas situações bem conhecidas das crianças. Por exemplo, com o pedaço de torta ou os quadrados de chocolate, ele opera implicitamente, isto é, antes de ser nomeado como objeto de saber. A maioria das crianças de quatorze anos (as frações são ensinadas na 7ª série) é capaz de dizer qual porcentagem de uma barra de chocolate representam cinco quadrados de chocolate, antes de saber o que é um número racional. É talvez esse desnível que vai permitir esse jogo de desequilíbrio/equilibração e vai fazer progredir o aluno nas situações em que o conceito não operava anteriormente. Está bem claro que a maioria dos alunos de 7ª série jamais ouviu falar de número racional. O professor vai em seguida identificar o conceito, objeto do aprendizado. É o que chamamos, em didática, de fase de institucionalização. Isso tem também um estatuto de reconhecimento social do saber. É claro que não se exige do aluno um saber homogêneo, nem mesmo em fim de seqüência de aprendizado. Os diferentes quadros serão explorados mais ou menos a fundo segundo a idade do aluno, segundo as possibilidades.

Um outro tema escolhido pode ser, por exemplo, o das parábolas. Poderemos falar de faróis de carro, de fornos solares, de construção de uma parábola, de rosácea parabólica construída com círculos e retas, coloridos de duas maneiras e, conforme a idade do aluno, poderemos, por exemplo, pôr a parábola em equação ou não, falar de tangente hiperbólica ou não. Admitiremos, portanto, que, mesmo em relação ao saber visado no conhecimento, em seu aprendizado, o aluno continua em desnível em relação a esse saber. O essencial é que certos desníveis restantes possam servir para fazer progredir o conhecimento ulteriormente. Não são levados em consideração os fenômenos de projeção e as interpretações pessoais de tipo afetivo e fantasmático (nas crianças de Bonneuil isso é bem nítido; não o é tanto nas crianças das classes normais), pela boa razão de que a escola rejeita esse tipo de discurso. O discurso afetivo ou fantasmático não tem lugar na escola Mas assim que liberamos um pouco os alunos, por exemplo, ao fazê-los trabalhar em grupo, constatamos que, um em relação ao outro, eles têm quase sempre comportamentos como esse, usando palavras bem familiares para se explicarem mutuamente os conceitos visados. Aliás, os próprios matemáticos chamam de "batatas" as representações de conjunto; quando têm uma barreira entre duas equações, dizem que eliminam, etc.

Para concluir, direi, a rigor, que não nos interessa muito saber se um desnível é patológico ou não, mas antes utilizá-lo para fazer progredir o aluno no conhecimento matemático.

Mustapha Meslem

As questões colocadas pelo trabalho de Gibello são de grande interesse. Minha única preocupação, como a de Maud Mannoni, refere-se aos efeitos perversos da utilização concreta desse tipo de pesquisas.

Darei apenas um exemplo: na instituição em que trabalho, estou confrontado com isso. A maioria dos professores é muito marcada por Piaget e Wallon. Quando uma criança de dez ou onze anos diz: *"eu queria trabalhar"*, isto é, fazer como os grandes, o professor, o educador lhe respondem: *"Não, você não pode entrar numa turma de pré-aprendizado, pois você não tem idade."*. É nesse momento que há efeitos perversos, pois a instituição serve-se da regra legislativa (só vão para turma de pré-aprendizado aqueles que têm quinze anos) ou psicológica (é preciso ter ultrapassado um certo estágio para fazer um estágio). O fato de essa criança ir estagiar poderia talvez permitir que tomasse consciência do lugar onde está, quem ela é enquanto sujeito falante e, dessa forma, ter acesso à escrita e à leitura, sinal de seu reconhecimento. É um primeiro ponto.

O segundo ponto, que não terei tempo de desenvolver, refere-se ao início da conferência de B. Gibello, quando ele faz referência, enquanto cristão, a suas filiações e quando levantou o problemas dos imigrantes. Essa atitude pode acarretar respostas totalizantes, segregacionistas, não deixando lugar ao indivíduo (eles não conseguem ler e escrever porque são imigrantes).

Eu mesmo, Mustapha Meslem, interessei-me bastante pelo fracasso e pelo êxito escolar na população que chamo de arabo-muçulmana, em vez de utilizar os termos norte-africanos, magrebinos ou "segunda geração", termo na moda, assim como "desarmonia".

Parece-me importante poder abordar a história e os mitos do povo arabo-muçulmano. Ninguém se permite dizer ou escrever: *"Ele é assim ou pensa isto porque é europeu ou porque pertence à civilização greco-latina."*. Ora, isso é dito ou é escrito quando se trata da população arabo-muçulmana.

Proponho que pensemos nesta frase de um filósofo árabe do século XII (Ibn Arabi): *"Quem vê o raio surgir no Oriente, que aspire ao Oriente; se para ele o raio brilhar no Ocidente, que aspire ao Ocidente; meu desejo, é o raio em sua fulgurância e não nos lugares que toca"*.

Madame Gibello

Penso que uma parte da dificuldade das discussões desta manhã procede de mal-entendidos. Por exemplo, as críticas ao exame cognitivo baseadas na crítica ao Binet-Simon e uma concepção do exame psicológico que data de uns cinqüenta anos; elas são sem fundamento, em relação aos exames psicológicos tal como os praticamos. Examinar uma criança não é se preocupar em lhe atribuir um QI ou um perfil na Escala de Pensamento Lógico. Quando conduzimos um exame psicológico, instauramos uma situação entre uma criança e nós, situação relacional na qual vamos tentar entender, de um lado, como essa criança pensa, do outro, por que ela pensa assim e em que isso lhe é útil, ou em que isso constitui um obstáculo a seu desenvolvimento, a seu bem-estar. Fico impressionada com a dificuldade encontrada pelos analistas em sua escuta da criança, para encarar a questão de saber como essa criança pensa e em que seu estatuto de sujeito disso depende. Para nós, os testes são apenas um meio e o procedimento científico é sempre apenas um procedimento para que possamos compreender em cada sujeito o que ocorre com os continentes de sua realidade interior e que vínculos o ligam a sua realidade exterior.

Darei em último lugar um breve exemplo de uma seqüência pedagógica que me parece ilustrar o que precede. Uma professora primária me havia dito: *"Tenho sempre dificuldades com Richard. Na hora das aulas de matemática, ele se irrita, manda tudo às favas, quebra tudo. Será que você poderia vir na hora das aulas de matemática para tentar entender o que está acontecendo?"*.

Esse menino tinha que fazer uma classificação. A professora havia muito bem concebido a situação. Tinha com o menino uma relação tranqüila e no entanto eu via se instaurar entre um e outro todos os elementos de um conflito violento. Pareceu-me então que a situação se instalava sobre um mal-entendido: a professora esperava do menino que fizesse uma classificação tal como fazem as crianças que alcançaram um pensamento operatório; ora, Richard efetuava conscienciosamente uma classificação com um encaminhamento típico de pensamento pré-operatório.

No espaço desconhecido entre esses dois encaminhamentos diferentes, instaurava-se o conflito alimentado por sentimentos recíprocos de perseguição. Pedindo à professora para continuar a trabalhar com o menino, simplesmente acompanhei-o, então, em seu encaminhamento intelectual, que era de classificar as coisas como as entendia, deixando-o ter uma experiência intelectual acabada com os meios de que dispunha. Depois, ele voltou ao hospital-dia e disse à educadora: *"Sabe, não sei o que aconteceu hoje na escola, mas fiquei grande"*.

Patrick Guyomard

Uma palavra para concluir...

Bernard Gibello

Duas palavras. A primeira é obrigado a todos. A segunda é insistir no fato de que a criança aprende a pensar bem antes de ir para a escola; acho que isso não deveria ser esquecido.

III

O CAMPO DA HISTÓRIA E DA ANTROPOLOGIA

Patrick Guyomard

Para terminar estas jornadas de trabalho sobre a adolescência, pedimos a dois especialistas vindos de outras áreas que a da psicanálise que nos trouxessem seu testemunho e seu trabalho sobre a maneira como podem ser resolvidos problemas e crises de adolescentes. Temos, esta noite, um historiador e um etnólogo que vão nos falar, a partir de sua prática, sobre a maneira como nos séculos XVIII e XIX foram resolvidos problemas de integração de um menino na sociedade e sobre como, em outras culturas e outras civilizações que as nossas, através da iniciação, pode ser proposta a adolescentes uma integração no mundo dos adultos.

Resumo da comunicação de Jean Hébrard feito por Joël Dor[1]

A adolescência nem sempre existiu, pelo menos tal como a conhecemos. A própria noção de adolescência parece uma invenção relativamente moderna. Para os historiadores, a história da adolescência está em grande parte por ser feita, pois não dispomos de síntese séria sobre o que poderia ser a evolução da idade da adolescência nos modos de sociabilidade, ou nos modos de passagem de uma sociabilidade da infância a uma sociabilidade do adulto.

Jean Hébrard interessou-se particularmente por um aspecto bem singular da adolescência, perguntando-se como as crianças, em diferentes

---

[1] Jean Hébrard fez uma improvisação oral, brilhante. Encontraremos aqui um resumo de sua intervenção, não revisto pelo autor.

épocas de nossa história, aprenderam a obter os meios intelectuais de se inserirem no saber de seu corpo social. Podemos considerar, conforme o tipo de criança que estudamos, que essa passagem pode ocorrer com maior ou menor facilidade. Para certas crianças, a integração nos saberes sociais da idade adulta, que são aqueles de seu meio social habitual, parecer ter sido sempre como hoje. Historicamente, eles são estritamente sem interesse, na medida em que a própria ausência de dificuldade faz com que poucas de suas marcas tenham permanecido. Para avançar um pouco nesta questão, Jean Hébrard interessou-se principalmente por crianças que não deveriam ter tido acesso ao tipo de saber social ao qual chegaram: crianças que passaram de uma cultura *"popular"* a uma cultura *"sábia"*. Isto é, crianças que, tornadas adultas, serão chamadas de autodidatas.

Existem autodidatas que são, simplesmente, pessoas que aprenderam por si mesmas. Mas, quando vamos buscar formas de autodidaxia mais antigas, damo-nos conta de que o fato de ter aprendido por si mesmo não é tão raro quanto bem se poderia imaginar.

Deslocar-se no campo cultural, o que isso significa exatamente?

A maioria dos trabalhos sociológicos relativos à cultura e às práticas culturais insiste no fato de que toda prática cultural é herdada e, ainda que um indivíduo consiga fazer esse esforço que o leva a se apropriar de outras práticas culturais que as de seu próprio meio, isso se sente sempre. Assim, um autodidata tem cheiro próprio e, ainda que possa parecer sábio, parece sempre sábio demais. A questão colocada é esta: uma autodidaxia é realmente possível? Ou então, ao contrário, é sempre um engodo que as sociedades constroem no quadro de uma fixidez cultural completamente generalizada?

A escola parece ser um lugar bem característico de uma crença na possibilidade de uma autodidaxia, uma vez que ela poderia ser o instrumento que permitiria as passagens culturais, os deslocamentos culturais mais eficientes e mais rápidos. A idéia de que é possível se apropriar de outras práticas culturais que as suas próprias, aprendendo-as de alguém, é inerente à própria idéia de escola. É por isso que Jean Hébrard se pergunta como adolescentes que não tiveram escola conseguiram realizar um deslocamento cultural inteiramente excepcional.

Jean Hébrard mostra dois exemplos dessas aventuras intelectuais que puderam levar adolescentes a mudar bruscamente de cultura. A primeira data do século XVIII. Trata-se de um pequeno camponês chamado *Valentin Jamerey-Duval*[2], que escreveu suas memórias quando se tornou especialista em medalhas antigas e bibliotecário principal do duque da Lorena. A segunda, mais próxima de nós, trata de um certo *Antoine Sylvère*[3], que uma edição recente de seus escritos revelou sob o nome de Toinou. Toinou é um menino do interior, do início deste século, que, uma vez terminado o tempo de escolarização obrigatória, estava destinado a trabalhar nas fundições da região de Ambert. Mas Toinou vai conhecer um percurso espantoso. Vai se tornar diretor das Indústrias Açucareiras do Norte e viverá também de sua pena. São estes dois relatos de vida que Jean Hébrard interroga para tentar compreender como a adolescência foi o momento excepcional de um deslocamento cultural imprevisto.

Jamerey-Duval nasceu numa pequena aldeia da região de Tonnerre (Yonne). Aos oito anos fica órfão. Sofre sevícias inomináveis em sua família e, por causa de um roubo insignificante (havia roubado uma maçã num pomar), fica com medo de voltar para casa e decide fugir. Sua fuga vai arrastá-lo por toda uma série de lugares sociais onde se reúnem, na época, as pessoa em fuga. Toinou vai parar em hospícios, é acolhido na casa de um ou outro camponês para pequenos trabalhos, em pequenas comunidades monásticas que recebem pessoas de passagem. Finalmente, por volta dos quatorze-quinze anos, termina num eremitério na Lorena. Em alguns anos, torna-se alguém que sabe ler e escrever e que se interessa por livros que mal compreende. Um dia, o duque da Lorena e sua corte estão caçando. Jamerey-Duval toma conta de um bando de gansos e tem nas mãos um livro de geografia. O duque da Lorena pára e fica maravilhado com os conhecimentos daquele pequeno camponês. Decide levar o rapaz para sua corte. Dão-lhe um preceptor, enviam-no à universidade onde faz brilhantes estudos e se torna um intelectual.

Antoine Sylvère é, também, filho de camponês. Freqüenta uma escola de frades onde aprende a ler. Depois de aprender a ler, interrompem sua escolarização e ele vai trabalhar. Ao fim de algum tempo, deixa

---

[2] Jamerey-Duval, *Mémoire (Enfance et éducation d'un paysan du XVIIIe siècle)*, Paris, Le Sycomore, 1981.

[3] Antoine Sylvère, *Toinou, la vie d'un enfant auvergnat.* Paris, Plon, 1980; *Le Légionnaire Flutsh*, Paris, Plon, 1982.

o emprego e vai trabalhar como mensageiro no Serviço de Correios. Um dia, falsifica uma assinatura num mandado, embolsa o dinheiro e decide partir. Para evitar ser preso, engaja-se na Legião Estrangeira onde encontra indivíduos muito curiosos. Encontra em particular um advogado e um professor de matemática que lhe ensinam a preparar sua defesa quando se constituir prisioneiro ao fim de sua permanência na Legião e a se tornar um bom matemático. Tornado bom matemático, volta à França para ser julgado. Surpreende o júri de tal modo que é anistiado de seu erro. Busca trabalho e torna-se professor de matemática no ensino privado.

O que ocorreu com esses dois personagens para que conhecessem um trajeto tão particular? Jean Hébrard foi buscar em suas biografias os acontecimentos que pudessem explicar esse arrancamento a suas culturas naturais. Situou assim quatro momentos principais desse arrancamento:

Primeiro momento

Tanto para um como para o outro, existe uma aculturação do meio de origem que parece torná-los mais sensíveis que seus congêneres à complexidade da cultura camponesa da época em que vivem. Ambos são crianças junto a quem as culturas populares e sobretudo rural jamais foram unidades muito homogêneas, sendo atravessadas por realidades diferentes. Da mesma forma, são particularmente sensíveis ao misto cultural que impregna os meios rurais da época. O primeiro tempo é, pois, caracterizado, antes de tudo, por essa impregnação de um misto cultural.

Segundo momento

O segundo tempo é o de uma errância (que no caso de Jamerey-Duval é, na origem, uma fuga) que não é qualquer uma. Tudo se passa como se houvesse um outro lugar que pudesse ser o ponto de ancoragem de alguma outra coisa a ser aprendida. O que o menino em fuga busca, por exemplo, são indivíduos que possam lhe ensinar algo. Assim, vai procurar anciãos porque se pergunta o que é a morte. Interroga-os, tentando inscrever seu conhecimento do tempo que passa e que é o de um pequeno camponês, o do ritmo das estações, ritmo dos trabalhos, numa idéia sábia do tempo. Pergunta-lhes o que é uma semana, o que é um mês, um ano, como se fosse desse lado que se situasse o saber que ele não possui e que identifica a um saber sábio, um saber técnico. Em outros momentos, o que o interessa é o viajante, a quem pergunta o que é uma montanha, uma torrente, o que é a neve, etc. Toda sua viagem está assim marcada por encontros sucessivos com personagens que podem lhe ensinar algo. Isso vale para ele pelo menos tanto quanto a procura de comida. Construir sistematicamente seu arrancamento é um pouco o que constitui a autodidaxia.

Toinou, por sua vez, ao partir, já tem dezessete anos. Mas o questionamento também se inscreve numa distância de si mesmo que, dessa vez, é familiar. Há dois estratos culturais na família de Toinou: o primeiro é o círculo imediato do pai e da mãe; o segundo é o círculo mais afastado do avô. O avô é analfabeto, ao passo que o pai e a mãe são alfabetizados. Mas parece que, aí, a alfabetização não basta para criar a distância. Toinou vai à casa do avô que não chegou de fato a aprender a ler. Ele explica a Toinou que o que não quiserem lhe dizer, ele tem que roubar. É preciso saber ir roubar as respostas às questões. Explica-lhe, assim, que roubou o "saber-ler" do padre acompanhando no domingo a missa num missal. Precisa que levou dez anos para conseguir. O avô tem, pois, essa idéia de questionamento, que o neto vai precisamente buscar junto a ele.

A dificuldade intrínseca do acesso a outra cultura reside no fato de que esse outro lugar cultural permanece, em grande parte, inacessível àquele que não sabe formular as boas questões. Tanto para Antoine Sylvère quanto para Jamerey-Duval, o arrancamento é um arrancamento que conduz, não a transmitir saberes, mas a transmitir métodos para interrogar os objetos culturais. Com Jamerey-Duval, o deslocamento ocorre progressivamente, de uma interrogação da cultura oral, para uma interrogação da cultura escrita. Mesma coisa com Antoine Sylvère. A resposta às questões está nos livros. Procurar nos livros é encontrar as respostas. Aprender a ler seria, pois, o terceiro tempo da construção de uma autodidaxia.

Terceiro momento

O terceiro tempo é o do aprendizado ou do reaprendizado da leitura.

Jamerey-Duval encontra um dia, por acaso, numa fazenda onde está trabalhando como pastor, *as fábulas de Esopo.* Num primeiro tempo, aprende de cor as fábulas de Esopo, oralmente. Num segundo tempo, como o avô de Antoine Sylvère, tenta achar de novo no texto o que aprendeu de cor. Em poucos meses, sabia ler. Lê, então, toda a biblioteca da aldeia: a do padre e a do professor primário. De aldeia em aldeia, percorre dessa maneira o conteúdo de todas as pequenas bibliotecas camponesas disponíveis. Assim que começa a ganhar um pouco de dinheiro, precipita-se em direção à cidade mais próxima e compra livros num livreiro. Eis, pois, uma entrada, muito rápida, na escrita.

Para Antoine Sylvère, é outra coisa. Aprendeu a ler na escola e dela sai, aliás, tendo lido pouco. Precisará, portanto, reaprender mais tardiamente a ler. Para isso, precisará ser ajudado, isto é, passar por um terceiro que poderá lhe explicar e lhe confirmar que sua leitura é boa, que não está se enganando ao ler. Com efeito, o que resta no fundo de um deslocamento cultural como esse é que é possível começar a ler nos livros um pouco de modo arbitrário. Assim, tanto para um como para o outro, inicia-se um quarto tempo nessa entrada no escrito e numa cultura diferente.

Quarto momento

O quarto tempo é o da certificação da validade da leitura. Qual é o sentido dos livros? Na cultura oral, esse tipo de problema não existe. Ao passo que o livro é um diálogo de surdos, pois não há ninguém para validar a leitura de um livro. Ao chegarmos aos livros à força, tudo se torna possível porque nada pode garantir que a leitura é verdadeira. O valor de verdade de uma leitura deriva apenas do consenso social e o autodidata, por essência estranho a esse consenso social, acha-se de repente diante de uma tarefa terrível: ele não sabe distinguir a denotação da conotação, a metáfora do factual, a imagem do que é dito. Toma tudo ao pé da letra. Jamerey-Duval entendeu assim, bem rápido, que não basta saber ler, que é preciso também aprender o que é preciso ter lido. Entende também muito rápido que deve se contentar com as respostas que são dadas nos livros. De modo algum o questionamento que lhe permitiu arrancar-se à sua cultura de origem deve ser reinvestido em sua nova cultura. Pelo contrário, é preciso que essa nova cultura seja aceita tal qual, que não seja retrabalhada. Ele aprende, pois, a moderar suas tendências um pouco violentas ao questionamento. Sente-se nele uma ascese permanente que consiste em construir, de certo modo, uma humildade intelectual que lhe permitirá ser reconhecido na nova sociedade à qual aspira e nela ser até aceito nas funções de bibliotecário.

Com Antoine Sylvère é a mesma coisa. São os legionários que vão lhe ensinar a não fazer perguntas e a não se desgarrar por caminhos que poderiam se tornar perigosos. Também vai ser censurado por aqueles mesmos que o levaram a remodelar sua leitura. Vai se tornar, assim, um bom professor de matemática, um bom pedagogo, como seus modelos. A censura é, pois, necessária ao deslocamento cultural, à dinâmica cultural. Ela permite, com efeito, tanto a um como a outro, não soçobrar em algo que poderia se chamar marginalização definitiva muito perigosa.

Para concluir, Jean Hébrard mostra que esses dois personagens manifestam, em sua tentativa de reconstrução de algo de seu solo cultural, o mesmo cuidado de tornar as coisas irreversíveis. O que torna efetivamente esse deslocamento irreversível é que ambos sentiram a necessidade de dizê-lo e, até mais, de escrevê-lo. Estaria aí o quinto tempo da autodidaxia. Num momento ou no outro, é preciso que ele se manifeste nos termos de uma escrita que é a da nova cultura. Portanto, Jamerey-Duval e Antoine Sylvère escrevem suas memórias e se apresentam assim a seus contemporâneos como exemplos de êxitos, isto é, como bons selvagens tornados cultos. Eles só podem se apresentar a seus contemporâneos sob a forma mesma sob a qual se espera que se apresentem. Assiste-se assim a algo de muito impressionante. Indivíduos conseguem realizar o que a própria estruturação do campo social proíbe, isto é, um deslocamento no interior desse campo. Mas, para poder realizar esse deslocamento, eles são obrigados a nele se inscrever nas formas mais estereotipadas desse novo campo cultural.

Patrick Guyomard

Vamos passar imediatamente à segunda exposição, de modo a juntar as questões. Ariane Deluz é etnóloga e vai nos falar de sua experiência com os ritos de adolescência e em particular com os ritos de iniciação em sociedades outras que as nossas.

Ariane Deluz

Para os etnólogos, a adolescência não foi um tema de estudo por uma razão muito simples, é que ela não é identificada como tal. Para ouvir falar dela, foi preciso esperar o trabalho de Margaret Mead, em *Costumes e sexualidade na Oceania*[4]. Ora, Margaret Mead não utiliza o termo adolescência, ela recusa a própria noção de adolescência no que se refere às moças de Samoa. Isto dito, antes de falar de minha experiência pessoal, pareceu-me interessante fazer um rápido exame da maneira como as diferentes sociedades vêem a passagem da infância à idade adulta, o que chamamos, nós, adolescência, e que é marcada, entre outras coisas, pela puberdade.

É preciso dizer que isso é sempre variado e muda radicalmente se se trata de rapazes ou de moças, observação banal, mas que acho essencial.

Enfim, os tempos das adolescências, os períodos durante os quais ocorre essa passagem são extremamente variáveis; veremos daqui a pouco que isso pode durar uma noite, um dia, vários anos. *Grosso modo*, pareceu-me situar quatro modos segundo os quais as sociedades resolviam esse problema:

– O primeiro consiste em confiar as crianças do grupo a outros lares domésticos.

– O segundo consiste em entregá-las a uma instituição extrafamiliar, sob a direção de educadores e de chefes.

– O terceiro é incentivar e autorizar os jovens a que formem grupos de pares, liberados do controle dos adultos.

---

[4] M. Mead, *Moeurs et sexualité en Océanie*, Plon, 1963.

– E enfim, nas sociedades desaculturadas, chegamos mais ou menos ao estado atual dos estudos: não se sabe muito bem o que fazer.

De maneira geral, lar, ou melhor, educação familiar e adolescência são em geral incompatíveis. A adolescência, a passagem do estado de criança ao estado de adulto, escapa quase por toda parte ao controle familiar estrito.

Voltemos à primeira solução e vejamos um exemplo. Em Gana, uma população de agricultores (os Gonja do Norte) foi estudada por Esther Goody[5], antropóloga britânica. Entre os Gonja, as crianças são confiadas a outros lares domésticos que as reivindicam já ao nascerem. No nascimento de uma menina, um irmão da mãe da criança, um tio materno, pode declarar que deseja criar essa menina em seu lar; e se se trata de um menino, uma irmã do pai da criança escolherá criar o menino. Um pequeno sacrifício aos ancestrais é feito no nascimento e, por volta dos sete ou oito anos de idade, a criança é confiada aos parentes que a haviam reclamado. Vai morar com eles, trabalha, cultiva junto ao tio materno ou à tia paterna até que esteja em idade de se casar. Nesse momento, se é um rapaz, recebe de seu tutor uma esposa ou um fuzil, ou outra coisa muito simbólica, um cavalo. Entre os Gonja, aproximadamente 60% dos adolescentes são assim criados, num outro lar que o deles.

Outras crianças são também suscetíveis de serem reclamadas por outros parentes; por exemplo, uma mulher pode também exigir criar a terceira filha de sua filha casada. Esther Goody não o diz, mas, freqüentemente, na África, o nascimento dessa terceira neta marca o fim da vida sexual da avó.

Quando um casal já teve dois filhos homens, se a criança que nascer depois for menina, será confiada à mãe da esposa.

Quais são as funções desse costume? Primeiro, ele permite às crianças em crise encontrar um lar, trata-se de uma sociedade onde a estabilidade matrimonial é fraca e, na época em que lá trabalhava Esther Goody, isto é, em 55, a mortalidade infantil era ainda forte e sobretudo a mortalidade das mulheres em parto era muito elevada – o que permitia, assim,

---

5 E. Goody, *Kinship Fostering in Gonja* in P. Mayer (editor); *Socialization, the approach from social anthropology, Monography ASA nº 8*, Londres, Tavistock, 1970, pp. 51-54.

a crianças que não tinham mãe encontrar outra mãe. Essa possibilidade de confiar a educação dos filhos a outrem funciona também como barreira ao incesto. Com efeito, em geral, quando uma mulher se divorcia para casar, ela não leva os filhos do casamento precedente para a casa do novo marido, principalmente se se tratar de meninos; se o fizesse, seus filhos seriam considerados rivais sexuais do esposo. Os Gonja acham também que os pais adotivos são capazes de mais severidade do que os pais naturais, logo, as crianças são mais bem criadas em casamentos polígamos. Esse sistema evita também o favoritismo da mãe em relação a seus próprios filhos e as disputas entre as co-esposas. Fato interessante, as relações das crianças com os pais que as nutrem são em geral relações boas e positivas, mas não prosseguem além do período durante o qual vivem nesse lar de adoção, não há nunca reciprocidade: uma criança criada numa família não criará uma criança dessa mesma família.

Há portanto um primeiro corte com os pais, por volta de oito anos, mas um segundo corte ainda mais radical se faz com os pais que criaram o rapaz ou a moça, na hora do casamento. Enfim, uma hipótese funcionalista pode ser observada. Ela não tem muito a ver com a adolescência, mas é mesmo assim interessante: essa instituição abre uma cadeia de grupos de primos, já que, se as crianças vão viver na casa do tio materno, as crianças desse tio materno vão, por sua vez, viver na casa de seu tio materno que nada tem a ver com os pais das crianças do primeiro grupo, e assim por diante. Isto é, coabitam durante um certo tempo, em família, filhos naturais e adotivos que assim se conhecerão. O que dá o que chamamos de filhos "encadeados", do termo utilizado por P. Bohannan para designar os filhos de pais divorciados que acabam tendo uma nova família.

A segunda solução consiste em confiar os filhos a educadores, ou em colocá-los numa instituição sob a direção de um certo número de educadores. Essa solução pode ter objetivos diferentes, por exemplo a iniciação entre os Senoufo da Costa do Marfim. Esta iniciação tem por objetivo ensinar às crianças todo o saber relativo à sociedade para que adquiram os valores dessa sociedade. Ela se faz numa idade relativamente avançada; em muitos grupos, foi reduzida a um ou dois ou três dias ou noites de iniciação num bosque sagrado, durante os quais a criança recebe um novo nome. Ela aprende por meios mnemotécnicos tudo o que deve saber dos mitos e dos valores da sociedade, uma língua nova. Essa iniciação fora abandonada durante muitos anos, as crianças escolarizadas não eram mais submetidas a ela. Ora, quando essas crianças, ao terem se tornado líderes políticos modernos ou altos funcionários, quiseram exercer uma atividade econômica na aldeia, viram-se obrigadas a retornar ao bosque sagrado, às vezes na idade de cinqüenta anos, para serem iniciadas nos valores do grupo. Por não terem passado por essa iniciação, não eram reconhecidas como membros por inteiro do corpo social. Eram bebês, crianças novas. Ainda que por outro lado detivessem uma certa autoridade, essa autoridade lhes era negada por não terem cumprido os ritos de iniciação. Não insistirei muito no exemplo senoufo, mas falarei dos Masai do norte do Quênia. Trata-se de uma sociedade em transição, razoavelmente aculturada na época em que foi estudada. Além disso, é uma sociedade onde os velhos, detentores do poder, se esmeram em doutrinar os jovens e em lhes instilar seus próprios valores.

Os Masai são nômades do norte do Quênia, com uma economia pastoral e com um sistema de faixas etárias durante as quais os jovens passam por um período em que são chamados de os Moran. É desses Moran que fala J. Kessel em seu livro *O leão*. Tradicionalmente, os Moran eram os rapazes não casados, a quem era principalmente confiada a tarefa de proteger a tribo e seu gado contra os ataques das outras tribos, mas também a tarefa de atacar essas tribos. Os Moran eram guerreiros, costumavam efetuar ataques contra outros grupos para roubar gado ou usar os melhores territórios de pastagem[6].

Tradicionalmente, a tribo se compunha de dois habitats distintos: no centro, a aldeia, núcleo onde os velhos viviam com as mulheres e as crianças. Em volta, o território, uma pastagem em cujas fímbrias viviam os Moran em acampamentos; estes últimos guardavam o gado. O poder ficava nas mãos dos velhos. Estes decidiam quanto às expedições guerreiras futuras, resolviam os conflitos e monopolizavam as mulheres. Os Moran eram solteiros e só clandestinamente tinham acesso às mulheres. O *status* de Moran era um *status* muito ambivalente. Eram jovens belos e vigorosos, ornados de enfeites, eram considerados gloriosos, invejados, mas sofriam todas as interdições. Estavam assim divididos entre o *status* de Moran,

[6] P. Spencer, *The Samburu: a study of gerontocracy in a Nomadic Tribe,* London, Routledge and Kegan Paul, 1965.

que lhes atraía a admiração e o amor das mulheres, e o *status* de velhos, menos glorioso, mas que permitiria que se inserissem na vida da aldeia, que tivessem esposas legítimas. A transição de um estado ao outro se fazia gradualmente, pouco a pouco os Moran eram integrados no grupo dos velhos, mas essa transição durava uns dez anos. Sua ideologia era uma ideologia guerreira. Foram descritos como "jovens irados", mas tinham e ainda têm que escutar as ameaças dos velhos que lhes predizem os piores castigos do céu, dos ancestrais e das forças superiores, caso não se conformem aos ideais da tribo, que são ideais puritanos. Os Moran reagem freqüentemente às exortações dos velhos entrando em transe.

Até os oito anos, os meninos viviam com a mãe, pouco a pouco acompanhavam os Moran na periferia, prestavam-lhes pequenos serviços. Quando se sentiam prontos, apresentavam-se ao rito de iniciação. Faziam-no a partir da idade de doze anos, mas alguns só a partir da idade de dezessete ou dezoito anos, uma vez que esse rito de iniciação era extremamente doloroso: tratava-se de uma circuncisão pública. Se um rapaz gritasse ou se debatesse durante o rito, era definitivamente desconsiderado, não era mais admitido na sociedade dos Moran e tornava-se um zero social para o resto de seus dias. Alguns jovens, por temerem essa prova dolorosa, preferiam não enfrentá-la e permaneciam estrangeiros em sua própria sociedade. Esse tempo de adolescência durava assim de quinze a quarenta anos. Não se podia dizer que um homem se tornara adulto enquanto não estivesse casado e quase velho. Passava-se, na verdade, da juventude à idade madura. Esta idade madura estendia-se de trinta e cinco a sessenta anos. Depois, entrava-se na categoria dos anciãos que, estes, não tinham mais poder. Havia, portanto, os adolescentes, os velhos e os anciãos.

Um outro exemplo de adolescência sob a direção dos velhos é o que pude observar entre as moças Gouro da Costa do Marfim[7].

Assim que têm as primeiras regras, as moças Gouro são consideradas boas para casar; antes de se casarem, ou, em todo caso, antes do nascimento do primeiro filho (isso variou com o tempo), eram enviadas para passar algum tempo na floresta sagrada da sociedade das mulheres.

---

[7] A. Deluz, "Féminin Nocturne", in A. Deluz, C. Le Cour-Grandmaison e A. Retel-Laurentin, *La Natte et le manguier*, Paris, Mercure de France, 1978, pp. 187-246.
A. Deluz, "Deuil et alcool", in *Cahiers du CES*, Paris, janeiro 1984.

Essa sociedade das mulheres tem formas bem particulares se a compararmos com os outros ritos de iniciação das moças nas populações vizinhas. Na verdade, trata-se de uma iniciação ao prazer. Antigamente, tudo isso se passava na estação da seca, a iniciação durava de três a quatro meses. Hoje, isso se passa durante as férias escolares, sendo a duração de uns quinze dias.

As moças são primeiro levadas a uma das aldeias onde funciona uma sociedade de iniciadas sob a direção de uma chefe. As moças têm em geral entre quatorze e dezessete anos e supostamente não sabem o que vai lhes acontecer, em princípio ignoram. São generosamente alimentadas durante vários dias, são cercadas por todas as mulheres da aldeia que dançam e cantam com elas, tocam um instrumento, principalmente a cabaça. O ritmo forte e violento pode deixá-las perto de um estado de transe. Aprendem um certo número de cantos, aqueles que já tiveram a oportunidade de cantar com a mãe nos funerais.

Uma noite, depois de todas as mulheres terem avançado sobre a aldeia e dela expulsado os homens, as moças são levadas para a savana sagrada, que é uma clareira na orla da aldeia. Falam de uma savana, pois o que é feminino entre os Gouro é savana e o que é masculino é floresta; ali são submetidas a um rito de excisão, que é na verdade a subincisão do clitóris; não se corta o clitóris, faz-se uma incisão em sua base e o termo utilizado para essa operação é *yerasa*, isto é, lavar o rosto, o rosto sendo a metáfora do sexo. Isso quer dizer, na verdade, fazer sair o sexo, fazer sair o clitóris. Não se trata realmente de clitoridectomia. Após essa operação relativamente dolorosa, as moças são trazidas para uma ou várias cabanas, ficam isoladas dos moradores durante vários dias, são tratadas, recebem curativos, os pais e os moradores da aldeia vêm lhes trazer presentes. A partir desse momento, estão autorizadas a tocar nos objetos sagrados, isto é, as cabaças, têm o direito de ir à savana; vão lá regularmente e é no interior da savana sagrada que se faz a instrução, que é, na verdade, uma educação sexual composta de jogos sexuais. Elas brincam de se esticar mutuamente os seios (dizia-se, tradicionalmente, que uma mulher estava boa para se casar quando os seios tinham caído), dançam com prazer até a exaustão. Depois de algumas semanas, são trazidas para a aldeia, purificadas uma última vez. Durante todo esse tempo, tiveram que tomar um certo número de medicamentos. Receberam instruções sobre o uso das plantas que poderão utilizar como emenagogo: as mulheres que não desejam ter filhos fazem lavagens com essas plantas o mês inteiro; graças a isso têm regularmente as regras. O que é muito importante porque lhes permite evitar também as amenorréias. Ora, toda amenorréia constitui um perigo enorme para a mulher. Dizem que a mulher pode ser morta pelo esperma masculino, caso ele não se misture a seu sangue. A acumulação de esperma[8] no interior do útero constitui um grave perigo potencial, as doenças ginecológicas, a morte das mulheres no momento da menopausa, durante os partos e ao longo de sua vida genésica, são atribuídas ao não encontro do sangue e do esperma. Ter as regras é, portanto, uma coisa absolutamente essencial.

Ensinava-se antigamente às moças quais eram as plantas (que são chamadas de palitos de dentes de madeira) eficazes como abortivos. Um dos dramas das mulheres modernas é que os bosques sagrados, onde essas técnicas lhes são ensinadas, são cada vez menos numerosos. Elas são assim entregues ao arbítrio da natureza, não podem mais controlar a fecundidade como aquelas que tinham tradicionalmente passado pela savana sagrada.

Logo, para as moças Gouro, uma iniciação condicionando toda sua liberdade ulterior, escapando inteiramente ao controle dos homens. Os homens teoricamente nem imaginam que as mulheres aprendem esse tipo de segredo durante a iniciação. É claro que o sabem, e é uma das razões por que toda a ideologia oficial vai contra a iniciação feminina. Ela representa, com efeito, uma possibilidade de controle da fecundidade pelas mulheres.

Os homens Gouro, por sua vez, não se deslocam. Sua adolescência se passa na aldeia e dura até que recebam uma mulher em casamento. Só recebem uma mulher em casamento quando o irmão mais velho recebeu uma mulher em casamento e o primogênito de um homem só tem direito a uma esposa quando todos os irmãos caçulas de seu pai estiverem casados. Tradicionalmente, a idade de casamento dos homens era tardia: trinta e cinco a quarenta anos. Os rapazes tinham derivativos durante esse tempo. Guerreavam, podiam ser tecelões, iam à caça, dançavam, divertiam-se também em seu próprio bosque sagrado. Não havia iniciação for-

---

[8] C. Haxaire, *Les maux qui le cachent. Étiologie et perception de troubles gynécologiques chez les femmes Gouro,* Communication au premier colloque national d'Anthropologie médicale, Paris, 1983, 17 páginas.

mal, eram admitidos no bosque sagrado enquanto homens de estatuto livre. As coisas mudaram a partir do êxodo rural, êxodo que de certo modo permitiu ao rapaz inventar para si uma adolescência. Os jovens agricultores puderam assim deixar a aldeia, viver outra coisa, viver uma aventura, eventualmente acumular os bens que lhes permitissem adquirir uma esposa. Tradicionalmente, uma outra saída também era possível para eles. Um homem que tivesse raptado uma mulher de um irmão ou de um homem mais velho na aldeia podia se refugiar na casa do tio materno. A solução era boa porque permitia obter uma esposa e viver uma vida de adulto. Era ruim na medida em que um menino ou um adolescente que ficasse tempo demais na casa do tio materno achava-se em posição de inferioridade, considerado cativo. O rapaz em fuga era de certa maneira obrigado a negociar seu retorno com a família paterna, caso quisesse reencontrar seu lugar na sociedade.

Vejo, enfim, um exemplo de sociedade em que as crianças, os adolescentes se constituem em grupo de pares, fora do controle dos adultos. Existem vários, o mais conhecido é o do Gothul, a saber, a Instituição da grande casa, entre os Muria da Índia. Estão descritos no livro de Elwin, *A casa dos jovens entre os Muria*[9]. Insistirei antes na experiência dos jovens Embera da Colômbia, que pude observar.

Trata-se de uma experiência que mal foi institucionalizada. Os Embera[10] são um povo de agricultores, colhedores, pescadores, que vivem ao longo dos rios no Choco, na costa da Colômbia no Pacífico. É uma região muito úmida, oito metros de pluviosidade por ano, não existem estradas nem aldeias. Às margens dos grandes rios, os Embera vivem em cabanas sobre pilotis, abertas aos ventos. As comunicações são feitas seja pelos rios, seja por pequenos istmos que interligam os cursos d'água uns aos outros. A unidade familiar pode ser composta de um homem, a mulher, os filhos e eventualmente alguns filhos casados ou eventualmente pertencendo a dois grupos de irmãos casados, residindo em duas cabanas, uma em frente à outra. Na hora de fazer um trabalho coletivo, chamam-se todos os vizinhos, as pessoas do rio, uma unidade que não tem nome. São chamados *"os outros"*, simplesmente. São os do cír-

---

9 V. Elwin, *Maison des jeunes chez les Muria*, Paris, Gallimard, 1959.

10 M. Chiva e A. Deluz, *A propos des adolescences normales: réflexions à l'usage des cliniciens, Psychologie française*, 1980, t. 25, I, 25-37.

culo exterior, com os quais não se vive. O trabalho coletivo pode ser a retirada do mato de um lugar onde vão plantar milho, a construção de uma cabana, a fabricação de uma piroga. Há sempre depois uma grande festa, são essas grandes festas que se chamam *guarapo*, do nome de uma bebida feita de suco de cana fermentada durante vários dias, ou de cerveja de milho fermentada, de que se preparam quantidades enormes e que constitui durante dois ou três dias a única comida daqueles que dão a festa. Os *guarapo* se passam numa cabana, reúnem-se assim facilmente noventa pessoas instaladas numa cabana de doze metros de diâmetro, onde vivem durante dois ou três dias. O *guarapo* é o lugar das lutas. Nessa população, todos são incrivelmente calmos, doces, gentis. Os conflitos são evacuados pela fuga, aqueles que não se entendem mais entre si partem, vão residir com outros parentes, já que cada um tem a possibilidade de residir na casa do pai, da mãe, da mãe do pai, do pai da mãe, etc, ao infinito. É portanto uma sociedade chamada de tipo cognático. Mas os poucos conflitos e as tensões inevitáveis são sempre resolvidos durante os *guarapo*, que são portanto considerados como lugar perigoso. É também o lugar onde se encontram espíritos: durante o *guarapo*, quando os humanos se encontram, há também em outra parte um encontro dos espíritos.

Os jovens Embera são criados de modo bem solto, seguem os pais durante todas as ocupações, meninos e meninas. A puberdade é extremamente precoce. As moças são púberes aos onze anos e os rapazes por volta dos doze ou treze anos. Pouco depois da puberdade, alguns rapazes deixam o lar familiar; nem todos, pois isso não é institucionalizado, não são verbalmente incentivados a isso. Mas espontaneamente se formam bandos de jovens, primos ou primos germanos, três, quatro, cinco, seis jovens que põem seus bens numa espécie de trouxa: uma camisa, alguns colares de pérolas, uma máscara para pescar, um arpão e uma piroga. Vão de casa em casa, de rio em rio, a área de um percurso é de três ou quatro rios. Ficam por ali durante um período difícil de ser determinado, que não é absolutamente codificado. Erram durante dois ou três anos, vão de cabana em cabana e, principalmente, de *guarapo* em *guarapo*.

Ao fim de cada *guarapo*, partem para outro lugar. Estão sempre em grupo, misturam-se pouco com as outras pessoas, dormem sobre uma plataforma particular que lhes é destinada nas cabanas e, para cada um, essa errância só termina quando encontra uma esposa.

Como encontram uma mulher? Passando de cabana em cabana, vão pouco a pouco fazendo sua escolha. No momento da puberdade, as moças, por sua vez, já seguiram um rito de iniciação muito curto, de alguns dias, durante os quais foram simplesmente mais bem alimentadas, depois um *guarapo* é organizado. As moças permanecem depois com a família, são os rapazes que se deslocam até o momento em que, numa festa, encontraram sua alma gêmea. Aquele que faz sua escolha insinua-se durante a noite ao lado da moça que dorme. Ela aceita ou recusa. Se aceitá-lo, ele dorme com ela e ao fim de quatro noites são considerados casados; nesse momento o rapaz se fixa, em todo caso momentaneamente. Fica na casa do sogro ou da sogra, conforme o lugar onde viver a moça, ou então leva sua jovem esposa para a casa de seus próprios pais, ou faz os dois, isto é, permanece um certo tempo na família que o acolheu, um ano ou dois, o tempo de ter um filho, talvez até dois, depois retorna à casa dos próprios pais. Pode também se instalar com um de seus irmãos que também encontrou esposa em outro lugar. Mas o fim dessa errância de tipo iniciático é de fato o casamento. O grupo dos rapazes vai pouco a pouco diminuindo. Aqueles que não encontraram mulheres e desejam continuar a errar recrutam outros rapazes entre os primos. Mas numa população em que os adultos são estáveis e só se deslocam em seu próprio rio, durante as festas de *guarapo*, o périplo dos rapazes por vários rios constitui uma verdadeira iniciação. E é graças a essa iniciação que os rapazes sabem em seguida dirigir-se e orientar-se na sociedade.

Em conclusão, os modos de entender a adolescência variam de acordo com a sociedade estudada. A iniciação é muito diversa. Não creio que possamos opô-los globalmente à adolescência ocidental. Encontramos em outras partes modelos que repetem experiências semelhantes àquelas de que falam nossos historiadores ocidentais, encontramos também instituições que existiram em nossas sociedades rurais e, é claro, encontramos, entre nós, comportamentos que se assemelham aos comportamentos extremamente refinados que acabo de evocar.

Discussão

Patrick Guyomard[11]

Creio que podemos começar este debate pelas questões que Ariane Deluz e Jean Hébrard devem formular um ao outro, após terem se ouvido falar. Ariane Deluz tinha uma questão para formular a Jean Hébrard.

Ariane Deluz

Não sei se é uma questão, mas é uma reflexão suscitada por sua observação, a de que, quando se deixa um campo social para entrar num outro campo social, há uma enorme perda. Esta perda cultural, quando passamos de uma sociedade a outra, de uma cultura a outra, ocorre em todos os níveis. Podemos ver, por exemplo, o que aconteceu com a Escola Sociológica de Frankfurt, expulsa pelo nazismo, quando tomou pé nos E.U.A.. Tornou-se uma escola sociológica americana, isto é, algo incrivelmente empobrecido em seus conceitos, se comparada à riqueza e à criatividade da Escola de Frankfurt, que agora redescobrimos em sua forma original.

Jean Hébrard

É um ótimo exemplo, com efeito. Creio que sempre é preciso, para encontrar coisas interessantes, instalar-se às margens, nas fronteiras

[11] Intervenções não revistas pelos autores.

ou nos lugares difíceis e escarpados. Justamente, a senhora faz muito bem em citar a Escola de Frankfurt. Ela comporta, na sua origem mesma, uma espantosa experiência de mistos culturais. Walter Benjamin, com a Escola de Frankfurt, voltou um pouco à moda nestes últimos tempos. Conhecemo-lo na França por seus trabalhos estéticos sobre as passagens de Paris ou sobre Baudelaire. Mas W. Benjamin é também a cultura judia e o materialismo marxista nos anos 30 em Frankfurt. É mesmo incrível: como ser judeu praticante, crente e materialista a um só tempo. É esta a aposta absolutamente louca que faz Walter Benjamin e que, creio, é uma das principais molas propulsoras da Escola de Frankfurt. O que faz com que a Escola de Frankfurt desperte interesse dessa maneira, antes de sua partida para os E.U.A., é talvez porque ela sabe sustentar esse misto cultural, essas coisas meio loucas, um pouco impossíveis de serem vividas.

Stella Baruk

Fiquei muito interessada pelas duas exposições e, mais particularmente, no que está de acordo com a reflexão que também estou levando a cabo, pela de Jean Hébrard. Seria uma pena trancá-la no armário da história. Essa noção de misto cultural me parece atualíssima. Poderíamos ler hoje o misto cultural nos seguintes termos: o de uma disparidade de línguas entre, por exemplo, a língua que fala uma criança que vai à escola e a língua do saber que lhe vai ser ensinada. Há uma estranheza cultural de fato se comparada a um saber que ainda não temos, estranheza que se marca pelo equivalente dos fenômenos à margem de que o senhor fala. Os fenômenos à margem explicam essa estranheza. Nos fenômenos aparentemente desviantes, temos o choque de duas línguas, a língua da criança e a língua do saber que devemos lhe ensinar e que está cheio de implícitos, de pressupostos, de regras de uso. É esse choque que produz os erros. O erro é um questionamento sobre esse funcionamento cultural, que ainda não é o da criança. Não falo das disparidades culturais evidentes, como vemos entre os filhos de imigrantes, filhos de culturas radicalmente diferentes; refiro-me à criança *que fala* em casa, que tem portanto uma cultura do oral e que está confrontada com uma cultura da escrita que vai ser a da sala de aula. Numa pesquisa de opinião bem interessante, um professor do liceu Chateaubriand, em Rennes, mostrou a relativização das culturas, o desaparecimento das culturas, prova de que esse fenômeno existe. Pediu, assim, a jovens do primeiro ano do 2º grau, de um meio não desfavorecido, que explicassem um certo número de palavras de um vocabulário que se supunha que conhecessem, já que não eram incultos. Pois bem, tivemos surpresas: um *ateu* era um mergulhador submarino, um *onívoro*, alguém que comia homens. Constatamos que todo um vocabulário da moral havia completamente desaparecido. O que é um homem íntegro? Nada se sabe estritamente sobre isso. Em contrapartida, todo um vocabulário de comunicação de massas apareceu no campo da economia. Se há um certo *corpus* de saber com a língua que a ele se associa e que é a prática desse saber nessa língua, de início, ela é estranha à criança que vai à escola. Não se leva muito em conta o questionamento representado pelos fenômenos aparentemente desviantes que são as reações da criança. É com isso que estamos confrontados em nossa prática cotidiana. Se não levarmos esses fenômenos em conta, não sei se a criança vai para a fogueira, mas sei que vai direto ao fracasso e nunca vai saber por quê. Essas histórias são vividas de modo dramático quando a criança não é ouvida na leitura que faz das coisas. Gostaria de dar um exemplo disso, antes cômico, que é esta história contada pelo matemático Apéry.

Há um aluno que vai ao quadro para fazer um problema de construção geométrica. Lá fica a se debater diante de uma figura. O professor, bem intencionado, lhe diz sem parar, *o que é que há para ser construído? Uma tangente de dois círculos. Como agir?* etc. O aluno continua sem saber o que responder e, após um momento, para tentar um início de raciocínio, o professor enuncia: *suponhamos o problema resolvido.* Ufa! faz o aluno, e volta a seu lugar, aliviado.

Jean Hébrard

Gostaria de agradecer a Stella Baruk por recentrar efetivamente minha exposição sobre coisas mais urgentes. Acho que nossas duas exposições deveriam de fato estar em paralelo. O que me impressiona no relato de Ariane Deluz é, nessas sociedades, todo esse luxo de precaução de detalhes, cujo objetivo é nunca deixar as crianças, os adolescentes, sós, em sua aventura cultural. Estou talvez cometendo um erro grosseiro do ponto de vista etnográfico, mas o que me espanta mais é que cada modelo de iniciação está perfeitamente explícito e serve algo preciso, ao passo que, entre nós, as estruturas escolares tornaram-se o único modelo, o modelo hegemônico de passagem da infância à idade adulta no Ocidente. A criança não sabe o que está fazendo na escola, não sabe de que se ocupa, não sabe a que está sendo iniciada. Nessas sociedades africanas, parece-me, ao contrário, que se sabe muito bem o que está em questão. Aliás, a senhora ressalta muitas vezes em sua exposição que, mesmo que não se tenha o direito de sabê-lo, ou mesmo que se finja não saber, sabe-se sempre mais ou menos. Existe aí, uma espécie de especificação da iniciação que me parece muito importante. Estou enganado ou não?

Ariane Deluz

Não. Nem um pouco.

Françoise Muller

Minha reflexão trata do mesmo ponto: na exposição de Jean Hébrard, em nenhum momento é evocada a identidade sexual ou sexuada dos dois personagens. Na de Ariane Deluz, ao contrário, tudo está centrado no reconhecimento social dessa identidade. Nas sociedades estudadas, não há superação cultural, mas integração total numa certa cultura, para cada indivíduo, integração que passa pela identidade sexuada. Talvez a superação, a mudança de cultura tenham sido feitas ao preço de um recalque total...

Jean Hébrard

Mais do que o senhora imagina.

Françoise Muller

Parece-me que pode ser feito o paralelo entre esses dois modos de evolução de uma criança tornando-se adulta, mas que, no fim das contas, a diferença é incomensurável, da ordem da mutação.

Jean Hébrard

Talvez nossas duas exposições sejam efetivamente o avesso e o direito de uma mesma realidade. Mas voltando a Jamerey-Duval, só uma pequena anedota. Jamerey-Duval fez tudo o que pôde para evitar que o sexual ressurgisse. Mas ele fala disso. Fala em seu relato e é muito divertido. Há dois momentos de sua experiência em que o sexual volta dessa maneira. O primeiro momento acontece quando ele chega a um pequeno eremitério (do irmão Pacome, creio) e tentam iniciá-lo nas virtudes do ascetismo eremítico, isto é, nas preces contínuas e nas privações. Ele se sente de repente tomado por uma excitação absolutamente fabulosa e muito rápido tem um medo assustador. Diz a si mesmo que vai parar de rezar, que é de fato muito perigoso. Segundo momento, é na universidade de Pont-à-Mousson. Está, então, entre os Jesuítas e o latim não é lá muito excitante para ele, que não tem nenhuma cultura latina, que tem que aprender as declinações, os verbos, etc. Sente então a carne lhe dar comichões. Para evitar – percebe-se bem as práticas jesuíticas subjacentes da época – que isso lhe prejudique os estudos, devem ter lhe insinuado que, bebendo todas as manhãs uma decocção de *amanite phalloïde**, é possível conseguir reprimir um pouquinho os impulsos dessa sexualidade. Experimenta, então, e, com efeito, passa a engolir todas as manhãs seu copinho. Quase morreu, evidentemente. Mas os senhores vêem que, para Jamerey-Duval, o preço a ser pago pelo deslocamento cultural está próximo de uma abstinência radical da vida sexual. Ele nunca fará parte das ordens e não se casará. Sente-se bem que para ele é, de fato, o que sustenta toda sua aventura. Deixo para os senhores interpretá-lo, mas está claro que para ele é assim que isso acontece. Para Antoine Sylvère, que se casará e terá filhos, é isso também.

---

* Cogumelo venenoso, muito comum nas florestas francesas. (NT)

Pierre David

Gostaria de fazer uma breve observação sobre a exposição de Jean Hébrard. Na minha opinião, ele trata do que os sociólogos chamam de "trajetória social transgeracional". Mas tudo o que é centrado no autodidatismo coloca a questão da relação do saber com uma aquisição da cultura, cujo meio pode parecer lícito ou ilícito. Há sempre uma espécie de condescendência do intelectual "de direito", perante o autodidata.

Que se trate da trajetória social dos sociólogos ou da aquisição do saber, é sempre no inconsciente, trata-se sempre de uma relação inconsciente com o falo e com o desejo do desejo do outro (o ou os pais). Observei isso com freqüência nas análises de crianças e de adultos. Estudos a partir de documentos históricos e sociológicos devem levar em conta esse aspecto do problema. O que me escapa, na verdade, é como as comunicações que acabamos de ouvir se articulam com nossas preocupações analíticas.

Jean Hébrard

Pois bem, vou lhe fazer de bom grado a pergunta, já que está próximo do lugar de onde me interroga, como o senhor diria.

Patrick Guyomard

Afinal, a psicanálise é você. O problema aqui não é nem um pouco articular as exposições com a psicanálise. Isso se articula sozinho, está claro para todo mundo.

Pierre David

Não acho que "isso se articule sozinho". Quando colaboramos com historiadores e etnólogos, devemos nos esforçar por fazer uma revisão epistemológica. Os métodos e conceitos por eles utilizados devem ser confrontados com os de nossa práxis.

A história nos traz problemas difíceis. Freud não pôde conhecer a "história nova" destas últimas décadas. Falo disso por causa de um assunto que me parece fundamental nesse confronto sobre o adolescente: as inter-relações entre a família e este último. É o Édipo que deve ser repensado em função das pesquisas destes últimos vinte anos sobre a evolução da família contemporânea.

O historiador das mentalidades, Philippe Ariès, foi o primeiro a evidenciar os caracteres de seu devir nos dois últimos séculos. Ariès mostrou que, no final do século XIX e no início do século XX, a família moderna "retirou-se do mundo e opôs à sociedade o grupo solitário de pais e filhos".

Acho que este isolamento do microgrupo familiar explica a descoberta do Édipo. Ela reside menos na importância maior e na pregnância da lei do que na possibilidade de sua deformação.

A lei não chega mais à criança e ao adolescente pela sociedade global (exceto para as situações muito graves que infringem claramente a legislação coletiva, como foi o caso para o matricida Pierre Rivière, cujo dossiê Michel Foucault reuniu e comentou). Ela é mediatizada pelos pais. Estes adquiriram o poder de impor suas paixões (isto é, a potência de seus fantasmas inconscientes mais ou menos racionalizados). Estes serão aceitos passivamente, ou então transformados em conflitos pela criança, que defende como pode sua autonomia subjetiva.

Os sintomas neuróticos, as organizações caracteriais ou psicóticas são doravante explicados por um compromisso entre o desejo da criança e o poder antagonista de um ou dos dois pais.

Vou me limitar hoje ao assunto tratado: a questão psíquica dos adolescentes ante a assimilação da linguagem e do saber. É sempre em torno do Édipo e da questão fálica (no saber e na linguagem) que a partida é jogada. Deve ter sido o caso de Rousseau, considerando sua estrutura particular e seu caráter. Haveria também muito a dizer sobre a questão fálica na mulher do século XIX, como George Sand. Essa questão, acho eu, explica a trajetória do personagem cuja história foi contada por Jean Hébrard.

Quanto à antropologia, parece-me que não é possível o paralelo entre as estruturas elementares do parentesco nas sociedades primitivas e as estruturas complexas de nossa sociedade. O que pudemos imaginar ser um terreno comum entre a psicanálise e a antropologia parece ser apenas o resultado de uma ilusão.

Não posso deixar de pensar que, se os antropólogos dirigem suas pesquisas para questões que não encontraram solução na organização social em que vivem, é que eles questionam as sociedades primitivas ali onde lhes seria bem difícil interrogar a deles. O próprio Lévi-Strauss observava isso em suas conversas com G. Charbonnier, quando este último o entrevistava sobre o trabalho do antropólogo: ele reconhecia uma certa neutralidade em relação a comportamentos indígenas que, em sua própria civilização, teriam acarretado de sua parte vivas reações.

Por isso sou céptico quando nossos amigos etnólogos comparam a crise de adolescência, tal como a entendemos em nossa prática cotidiana, com os ritos iniciáticos das sociedades primitivas.

Maud Mannoni

Convidamos um historiador e um etnólogo para receber deles uma visão diferente sobre a questão da adolescência: a saber, essa difícil passagem da infância ao estatuto de adulto.

Jean Hébrard, com infinita delicadeza, contou a história de dois garotos nascidos nos séculos XVIII e XIX, meninos que conseguiram se livrar da infelicidade. Pertenciam a um mundo onde a alfabetização era das mais reduzidas: apropriar-se da leitura quando se é pobre e autodidata não é fácil. Não basta encontrar nos textos as histórias com que se foi acalentado, é preciso ainda poder se tornar criador do texto lido. A produção do sentido de um texto obedece a leis; transgredi-las é arriscar ir para a fogueira.

O mérito de Valentin Jamerey-Duval foi ter entendido que precisava (agora que sabia ler) encontrar um acompanhante em sua leitura (na pessoa do professor e do padre). Ler (ao abrigo do delírio) é aprender a interpretar um texto, é também aprender a guardar para si certas questões (aquelas, por exemplo, referentes à realidade da existência de Deus).

Uma ouvinte falou há pouco do choque das duas línguas (a língua do povo e a língua dos senhores). O que me interessou na história de

Barbiana, aquela pequena aldeia toscana onde um padre cuidava dos reprovados do ensino público, é que o domínio da língua dos senhores (aquela ensinada na escola) só foi adquirido pelas crianças a partir do momento em que o padre se pôs a interrogar, junto com eles, o sistema que fabrica "os reprovados de que a sociedade necessita". Os "reprovados do sistema" tornaram-se, como se sabe, professores revolucionários: o que o padre lhes trouxe foi a possibilidade de falarem de coisas proibidas (o sexo, a política). *"Só a linguagem"*, dizia um adolescente, *"torna igual. Um igual é aquele que sabe se exprimir e compreender a expressão dos outros. Pouco importa que seja rico ou pobre, isso conta infinitamente menos. O que é preciso é que ele fale".*

O que me pareceu importante no trabalho de Ariane Deluz foi o lugar dado ao problema da iniciação: esse acontecimento ritualizado que sublinha a passagem da infância ao estado adulto.

No livro *Soleil Hopi*[12], vemos em que consiste a crença nas máscaras. As máscaras dos Hopi chamam-se *katcina*. No momento da iniciação, os adultos, ao retirarem as máscaras, revelam que eram eles que faziam as *katcina*. A crença infantil vê-se desmentida ao longo de uma cerimônia-prova de iniciação; ela continuará sua existência sob outra forma na idade adulta.

Os ritos de iniciação vêm selar algo da ordem de um segredo. As crianças iniciadas são as crianças que não são mais mistificadas, que, por sua vez, participam em seguida da mistificação. As crianças, como lembrava Octave Mannoni, são o suporte da crença dos adultos.

Em nossa sociedade, a mistificação e os trotes existem mesmo (sob a forma, entre outras, dos exames). Mas, em nossa cultura, não se diz às crianças que elas são mistificadas. Não é dito a elas que o trote é formador. Elas têm, de certa forma, que descobrir sozinhas como passar pelos desfiles da castração, como abandonar as formas imaginárias de uma crença, para se abrirem, através de uma simbolização, para um engajamento. Foi esse trabalho que o padre de Barbiana realizou com os "reprovados do sistema".

Jean Hébrard nos sensibiliza, assim, para o fato de que não basta aprender a decifrar, é preciso aprender a tratar o sentido, o que só é

[12] *Soleil Hopi*, Plon, 1959.

possível através da negação, da oposição, da revolta. Em toda transgressão, surge, num momento, uma regra do jogo. O que é comum à história dessas crianças é que o saber não se dá, mas se arranca, até mesmo se rouba. Essa dimensão de paixão, de luta, de desafio, nós a perdemos de vista nos dias de hoje. As crianças de 1984 não sabem o que vêm fazer na escola. Os adultos, por sua vez, estão desmobilizados, não têm mais mensagem a transmitir.

Obrigado a Jean Hébrard e a Ariane Deluz por nos terem trazido, com paixão, tantas questões que não são estranhas aos problemas do tempo.

Dominique Guyomard

É a Pierre David que eu gostaria de responder, de lhe dizer que escutei com enorme prazer as histórias trazidas por Jean Hébrard. A ligação está aí, no fato de o termos escutado com enorme prazer. As histórias de Antoine Sylvère e de Jamerey-Duval me tocaram vivamente. Escutei-as com o prazer das crianças que escutam contos. Enquanto analista, a questão do forçamento e do roubo em Toinou fez-me pensar. O que me parece importante é a existência desse avô que diz ao neto aquela fala portadora de um destino: *"o saber, é preciso roubá-lo"*. Roubá-lo, e não unicamente pegá-lo. É isso que vai permitir que Toinou, através do roubo, passe de um espaço ao outro. É a fala do avô que vai permitir que Toinou aprenda uma língua, um saber, na Legião Estrangeira. É extraordinário! Há nessa passagem a um saber "roubado" uma espécie de inscrição numa lei enunciada pelo avô.

Ariane Deluz

Uma resposta também a Pierre David. Penso que não era aqui o lugar, para nós, de fazer análise. Quanto ao que o senhor diz dos etnólogos e de Lévi-Strauss em particular, eles de fato vêem com muita calma, nas sociedades que estudam, coisas que não suportariam nas suas próprias. Trata-se de uma atitude de elementar prudência. Quando nos encontramos numa sociedade que conhecemos um pouquinho melhor, ainda que sejamos etnólogos, reagimos. Aconteceu-me reagir a condutas perversas, mas num contexto em que eu tinha uma experiência da sociedade onde estava vivendo, bem como de suas normas. Sem essa experiência, eu não teria feito sua leitura.

Jean Hébrard

É uma discussão muito cruzada. Quanto a esse roubo do saber, gostaria simplesmente de responder através de dois pequenos textos. Trata-se do avô que fala ao neto. Dirige-se a este da seguinte maneira: *"Esse molequinho ainda não bate nos meus tamancos e já sabe ler feito um tabelião. Eu, para aprender a ler, precisei de mais de dez anos, mas só acompanhando a missa no meu livro. Durante muito tempo não entendi nada e, quando aprendi a distinguir os evangelhos, funcionou sozinho. Neles aprendia quatro ou cinco palavras a cada vez que ia à igreja."*. E continua, em seguida, a respeito das estrelas. Olha o céu com o neto e diz: *"Elas todas têm nomes, mas aqueles que os conhecem guardam-nos para si como um segredo. Você terá que ir para as cidades, lá se pode aprender isso tudo"* (sempre essa idéia de deslocamento). *"Você não terá terra"* (seus pais, de fato, não têm terra), *"o que não quiserem lhe dizer, não tenha medo de roubar"*. Acho que é um texto muito, muito bonito, que efetivamente marca o que deriva dessa relação com o saber quando este se apresenta para um adolescente como duplamente proibido, socialmente e na hierarquia das idades, em relação ao saber dos adultos. Talvez existam avós, cujo estatuto seria preciso conseguir caracterizar (os senhores fariam isso melhor do que eu), que desempenham papéis que são curiosos, papéis de orientação da demanda, finalmente, ou de criação da demanda, algo dessa ordem.

Jacqueline Persini

As três condições que permitem a passagem de uma cultura de origem a uma nova cultura são interessantes:

— Toinou sutura o questionamento que o arrancou à sua cultura de origem para tentar situar-se em sua nova cultura.

— Ele tem que mostrar humildade intelectual para ser reconhecido em sua nova cultura.

— Se não quiser correr o risco de uma marginalização, terá que recorrer a uma certa censura.

E quando a nova cultura se apresenta sob os traços de uma escola ou de uma associação psicanalítica, é possível refletir no que acontece com a sutura do questionamento, com a humildade intelectual e com a censura?

Um ouvinte

É uma prova de humildade receber e escutar. Estamos atualmente fechados no discurso psicanalítico, é difícil alguém se pôr a falar de um paciente. Foi preciso pedir a um historiador e a uma antropóloga para nos contar histórias bem simples, nas quais podemos, como analistas, nos encontrar.

Um ouvinte

O que caracteriza as duas exposições? Estamos diante de dois relatos de vida que foram efetivamente reconstruídos no quadro de memórias. Mas o que me impressionou nos itinerários desses dois personagens foi o modo como se depararam com a cultura e com um certo número de regras. Esse itinerário é um itinerário de mobilidade social, um itinerário de vontade de êxito social e os senhores, aliás, disseram-no muito bem. É interessante ver como, em seguida, um modelo dele se extraiu, mostrando de certa forma que a mobilidade social é possível (e isto, sem mostrar-lhe os fracassos). O segundo ponto é que, nessa busca da cultura, obstáculos eram encontrados, freqüentemente da ordem do insuperável. Por que o insuperável? – Existem situações em que a mobilidade é colocada por todo o grupo. Nessas condições, o grupo é, nesse caso, protetor do indivíduo. Aí talvez exista menos necessidade de estruturas intervindo em certos momentos. Mas há também situações em que não se trata mais do grupo e um possível de mobilidade é criado para o indivíduo que está confrontado sozinho com a cultura. Em relação a isso, duas observações vieram-me à mente:

Uma primeira observação lida em Michel de Certeau, *Les arts de faire*[13], volta-me à mente: ele ali fazia a distinção entre a estratégia, as táticas e as astúcias. Aqueles que dominam uma cultura sabem aonde vão, têm uma trajetória, uma estratégia que lhes é pessoal, mas que é também familiar e coletiva. Outros não têm estratégia, mas "se viram" mediante táticas e astúcias. Se uns criam situações, transformam-nas, outros "se viram" como podem, com os estragos resultantes. É para limitar os estragos que são usadas "táticas e astúcias".

A outra observação me vem a respeito da noção de "mistura cultural". Trata-se de pais que falam do "sabre e do aspersório". O sabre remete ao exército, e o aspersório à igreja. As crianças que ouvem isso repetem "a areia e a soneca"*. A areia remete ao mercador de areia**, a soneca é o mercador de areia que faz dormir. Haja mal-entendido! Que fez a criança? Traduziu os elementos que lhe eram dados, em seu próprio código. Os qüiproquós, os mal-entendidos e os fracassos nas comunicações entre duas culturas são quase sempre isso.

Agradeço a Jean Hébrard por esta exposição particularmente interessante.

Jean Hébrard

Agradeço-lhe por ter aludido a Michel de Certeau. Cito novamente o título de sua obra *Les Arts de faire*, na qual, efetivamente, o par tática e estratégia, nas apropriações culturais, é absolutamente essencial. Ele me ajudou muito a refletir sobre o caso desses dois garotos. O senhor tem toda razão de assinalar que o que caracteriza esses dois garotos é a individualidade de sua aventura. Eles estão sós nesse processo; em outras épocas, ao contrário, pudemos assistir a maciços deslocamentos culturais.

---

[13] Michel de Certeau, *L'Invention du quotidien*, col. 10/18. *Les Arts de faire*, col. 10/18.

* Trocadilho intraduzível em português: *sabre=sabre* e *goupillon=aspersório,* com *sable=areia* e *roupillon=soneca.* (NT)

** *"Le marchand de sable est passé"* (literalmente, o mercador de areia passou por aqui), expressão popular que se diz às crianças quando está na hora de dormir. (NT)

Por exemplo, no sul da França, no século XIX, entre 1830 e 1914, a alfabetização dos meios rurais ocorre de modo maciço. Partem todos juntos, com estruturas coletivas que lá estão para ajudar na passagem. É tanto o padre quanto o pastor ou o professor primário, mas é também toda a aldeia que segue sem tardar o mesmo caminho. O jornal entra na aldeia e estimula as transformações culturais. Os dois relatos de vida que tentei lhes contar são, ao contrário, uma experiência cuja própria individualidade marca a dificuldade, marca a estranheza. É absolutamente essencial ressaltar bem que se há algo que pode ser analisado nesses relatos de vida é justamente porque são casos individuais. Quando se tenta estudar deslocamentos culturais maciços, não se vê nada.

O deslocamento é confirmado, não faltam estatísticas, como, por exemplo, no excelente livro de Furet e Ozouf *Lire et écrire en France de Calvin à Jules Ferry*, em que os autores tentam estudar os grandes movimentos migratórios da alfabetização. Mas eles trabalham no nível de um registro estatístico e param por aí. Por outro lado, ao estudarmos casos individuais paradoxais, creio que lidamos na verdade com o que chamamos entre nós de um estudo de caso; isto é, uma abordagem qualitativa de um certo número de fenômenos que permitem questionar de novo a abordagem quantitativa. Foi um pouco nesse sentido que trabalhei.

Stella Baruk

Pergunto-me se uma das questões mais fundamentais, subjacente a tudo o que foi dito, não é a da relação com o sentido. Não é a questão do sentido que se coloca de maneira aguda na vida dos sujeitos, questão evidenciada nas histórias que o senhor contou, mas de maneira diferente conforme as sociedades? A dificuldade de *ser*, para os adolescentes, não é de se achar num universo de sentido que está inabitado ou desabitado? É um fenômeno que pude constatar no cotidiano: o das crianças em estado de abandono quanto ao sentido. Essa noção de fiador, de que o senhor falou há pouco, parece-me essencial. Não há uma disparidade na relação com o sentido e na garantia de sentido trazidas pelos adultos entre as sociedades estudadas por Ariane Deluz e as nossas sociedades, nas quais os conflitos mais agudos parecem se estabelecer em torno do sentido?

Jean Hébrard

Vou falar (uma vez não é costume) de um texto psicanalítico. Num texto de Freud que muito me interessou, há uma noção (certamente mal traduzida, pois a li na versão francesa) que se chama a *submissão ao sentido*[14]. Ao construir a gênese do chiste, Freud observa que existem, segundo ele, duas etapas na relação das crianças com os chistes. Uma primeira etapa que se caracteriza pelo trocadilho, isto é, pelo estrito jogo de palavras, o jogo em cima dos materiais da linguagem. Uma segunda etapa na qual a criança se proíbe ou é proibida de fazer trocadilho, por ser ele a-social, por ser mal recebido no social. Ela troca então o trocadilho estrito, para ter o direito de fazê-lo mesmo assim, pelo chiste, que utiliza o trocadilho para fazer sentido. Freud tem essa idéia, que me parece bem excepcional, de uma submissão ao sentido, necessária para que a criança cresça. A escrita enquanto tal, a que encontramos num pedaço de papel, esses sinais dispostos num pedaço de papel, essa escrita não é sentido. Para que tenha sentido, é preciso outra coisa que a própria escrita. A escrita são materiais com os quais podemos fazer qualquer coisa. É aí que está o perigo. O leitor está totalmente em perigo cada vez que trata dos materiais escritos dessa maneira, porque com o mesmo material escrito podemos fazer montes de sentidos diferentes. Mas eis, há um sentido, e há estruturas bem em volta de nós, desde a glosa escolástica, até a explicação de texto no "Lagarde et Michard"*. Existem estruturas bem em volta de nós que têm por função nos ensinar a ler o bom sentido, estruturas que são essenciais.

Um aluno que tentasse hoje questionar no vestibular a explicação de texto canônica de Lagarde e Michard teria uma estratégia. Daria um golpe bem astucioso se, em vez da explicação canônica, colocasse um pouco de análise barthiana, com a obrigatória piscada de olho para o professor à sua frente. Veríamos que ele sabe se submeter, mas não a qualquer sentido. Ele se submeteria a um outro sentido. O que seria inteiramente irrecebível no social seria uma leitura que não se submetesse

---

[14] In *Le mot d'esprits et ses rapports avec l'inconscient*, 1905, trad. M. Bonaparte e N. Nathan, Gallimard, col. Idées.

* Famoso compêndio de literatura francesa, por longo tempo adotado nos colégios. (NT)

a nenhum sentido. Não é recebível, a não ser que se faça o que chamamos de efeito de modernidade. O que é a modernidade na cultura? O que é um elemento que de repente é reconhecido por um grupo social como resolutamente diferente e aceito como tal, isto é, como fazendo modernidade? Isso poderia ser recolocado psicologicamente no nível de uma pedagogia absolutamente comum. Como um êxito obtido numa leitura por uma criança poderia ser aceito, não como algo a ser rejeitado, mas como uma modernidade? O que haveria aí? Talvez seja de fato para os lados da psicanálise que devêssemos voltar os olhos. Quem sabe o trabalho dos senhores não seja justamente o de recensear todas as modernidades?

Édith Schwalberg

Fiquei surpresa, a respeito de *Toinou* (Antoine Sylvère), que o senhor não mencionasse as condições de seu aprendizado escolar, particularmente horríveis. Os pais o enviam para uma escola de "freiras" que aterrorizam e até supliciam as crianças. A entrada de Toinou na escola é marcada por essa visão de inferno, de crianças entre quatro e sete anos que choram, fazem xixi por toda parte de tanto medo que têm daquelas mulheres que berram e batem nos dedos deles com uma vara, se não conseguem aprender rápido o alfabeto... Em seguida ele vai para os "frades", lá sofre também maus tratos. O ensino passou pelo crivo da ideologia clerical da época. O que há de particular na história de Toinou é que o desejo de saber tenha podido sobreviver às sevícias e à perversão do ensino. Se esse desejo de saber permaneceu tão agudo, é (como assinalou Dominique Guyomard) porque se enraizou na fala do avô materno, fala que funcionou como um oráculo.

O relato de Toinou é lido como um conto e pode, portanto, ser objeto de uma escuta analítica. Falava-se de avidez. Nos dois casos evocados, as crianças têm fome, a família só come pão ou sopa de batatas. Mas Toinou tem principalmente fome das comidas da "nova cultura", sorve-lhe os odores. Falou-se de sentido, mas há também a sensualidade, o pulsional que estão em jogo. O grande almoço de Toinou é o da primeira comunhão; após ter comungado (engolido o corpo de Cristo), engole muita carne. Perguntou-se sobre a sexualidade de Toinou. Há no livro o relato de belíssimos amores infantis, ele encontra uma menina por quem fica apaixonado, é ela quem lhe inculca os primeiros elementos de pudor; antes, Toinou gostava de explorar e de mostrar seus órgãos genitais. Eles decidem se casar e fazem economias para comprar bebês...

Jean Hébrard

Eles têm cinco anos nessa época.

Édith Schwalberg

Mas, quando nasce o irmão, tudo isso acaba. Ora, este acontecimento deveria, ao contrário, repor em jogo um saber sobre a sexualidade, sobre a origem. Considerado grande, Toinou não tem mais direito de beber leite e, principalmente, é condenado a embalar sem descanso o irmãozinho, não pode mais brincar, nem explorar o mundo, nem nele ter encontros. Antoine Sylvère diz que tudo se apaga para ele; durante anos, mergulha na escuridão, sem lembranças. Mais tarde, longe da escola, frades o submetem a todo tipo de vexames e ele foge. Como se essa rejeição, primeiro da mãe, depois do pai (este último não se interessa mais pelo filho mais velho desde o nascimento do seguinte e não responde a nenhuma de suas perguntas), lhe permitisse ganhar o mundo. Ele então vaga e seus passos o levam à casa do avô...

Jean Hébrard

A sua questão: *"O que desencadeia numa criança a vontade de ler?"*, eu gostaria de citar, em paralelo, o texto das *Confissões* de Jean-Jacques Rousseau. Ele diz, a respeito da leitura: *"Não me lembro de ter aprendido, parece-me que sempre soube fazê-lo."*. Para mim, Rousseau não é um autodidata. O que colocaria Rousseau do outro lado, e talvez aí é que se devesse buscar uma divisão no mundo cultural entre pessoas que tiveram que fazer esse aprendizado do ler e aqueles, como diz muito bem Rousseau, que nunca tiveram que fazê-lo. Teríamos que voltar, por exemplo, a Sartre em *As palavras*. Os senhores se lembram da cena fabulosa em que ele se apossa do modo de leitura da mãe, lá um pouquinho, também, como se nunca tivesse aprendido. Quem mais? Tournier em *Le Vent paraclet*, ao ficar andando pela farmácia do avô e passando a infância a decifrar as palavras estranhas escritas nos potes de farmácia. Não é nem um pouco a mesma relação. Não há nada a ser roubado, está tudo lá. Rousseau tinha a biblioteca do pai, enorme, cheia de romances. Sartre, a da mãe e do avô. Tournier, a farmácia do avô também (sempre o avô, notem), ao passo que os outros dois, não. Os outros dois têm que se arrancar a algo, para se darem o direito. Quando a senhora fala do horrível aprendizado da leitura pelo pequeno Antoine Sylvère junto às irmãs dominicanas de Ambert (elas têm que ser designadas), que são megeras horríveis, ele as chama de "monstros de óculos". Dá à professora primária o título de "monstro de óculos". De fato, ele terá que se arrancar. O que aprendeu ali é um modo de leitura que o manteria num estado cultural primeiro. De minha parte, penso que é importante distinguir dois tipos de alfabetização: uma alfabetização que poderíamos dizer restrita, cuja única função é permitir reconhecer os textos canônicos de uma civilização (o texto religioso no século XIX na França) e uma alfabetização aberta, ao contrário, que, ela, pode ir em direção a todos os livros. Vemos bem então o que Antoine Sylvère e Jamerey-Duval constroem: é essa possibilidade de superar a alfabetização restrita, de ordem escolar, para ir em direção a uma alfabetização intelectual real, que lhes permitirá ter acesso a tudo. Este acesso a tudo é perigoso e é aí que começa o problema da autodidaxia. Mas a senhora tinha razão de sublinhar todo um monte de outros aspectos que seria preciso talvez sublinhar, do ponto de vista de outra leitura, de uma leitura, por exemplo, psicanalítica.

Um ouvinte

As duas crianças ficaram decepcionadas com a mãe.

Jean Hébrard

É verdade que as mães não estão à altura. Uma de minhas colegas, Ségolène Le Men, estudou as ilustrações dos abecedários dos séculos XVIII e XIX e mostra, em sua tese, isto: a imagem do frontispício dos pequenos abecedários destinados às crianças entre a Revolução e 1960 é de dois tipos. O primeiro é a imagem da educação materna. Em geral, o tema iconográfico é Santa Ana educando a Virgem Maria. O segundo é a educação paterna e o tema é o passeio rousseauísta no campo, isto é, o pai que conduz o filho pela natureza. O que observou essa colega é que as educações maternas são muito numerosas, mas estão sempre em libretos cujas intenções pedagógicas são limitadas: saber as letras, saber as sílabas, saber as orações, param por aí. Por outro lado, nas educações paternas, a abertura para o mundo é maior. Os libretos são muito mais interessantes, neles se aprende muito rápido a ler e logo em seguida há o interesse pelo mundo, essencialmente pelo mundo das artes e ofícios. Creio que temos bem aí, com essa ruptura, esse duplo registro da educação.

Maud Mannoni

Agradecemos vivamente a Ariane Deluz e a Jean Hébrard. Penso que os trabalhos desta tarde terão mostrado o interesse, para todos nós, de um confronto entre discursos diferentes e a riqueza das trocas a que ele pode dar lugar.

markgraph
Rua Aguiar Moreira, 386 - Bonsucesso
Tel.: (021) 564.1056 Telefax.: (021) 270.9656
Rio de Janeiro - RJ